CB014655

LEITURAS DESARQUIVADAS

CRÍTICA HOJE 5

JOÃO ALEXANDRE BARBOSA

LEITURAS
DESARQUIVADAS

Dados Internacionais de Catalogação na Publicação (CIP)
(Câmara Brasileira do Livro, SP, Brasil)

Barbosa, João Alexandre
Leituras desarquivadas / João Alexandre Barbosa. – Cotia, SP: Ateliê Editorial, 2007.

ISBN 978-85-7480-371-5

1. Crítica literária 2. Ensaios brasileiros
I. Título.

07-6414   CDD-801.95

Índices para catálogo sistemático:
1. Crítica literária   801.95

Direitos reservados à
ATELIÊ EDITORIAL
Estrada da Aldeia de Carapicuíba, 897
06709-300 – Granja Viana – Cotia – SP
Telefax: (11) 4612-9666
www.atelie.com.br / atelieeditorial@terra.com.br

2007

Printed in Brazil
Foi feito depósito legal

Aos meus amigos pernambucanos
Aluízio Falcão
Garibaldi Otávio
Marcius Cortez

Sumário

COMEÇO DE CONVERSA

CREIO SER AUTO-EXPLICATIVO o título deste livro: trata-se da transformação, em textos críticos ou ensaios, de leituras e notas de leitura que por acaso vieram a se transformar em arquivos, sejam os famosos e hoje corriqueiros *files* do computador, sejam as prestimosas fichas cartonadas, que o grande crítico Augusto Meyer chamou de "filhas diletas da Memória", com que os mais velhos e menos tecnológicos, como o crítico gaúcho ou o autor destas linhas, iam dando prumo e rumo a suas aventuras por entre livros.

Aventuras que, quase sempre, levavam e levam o aventureiro, mais ou menos embriagado por aquilo que já se chamou de *vício impune da leitura*, para regiões muito distantes do objeto que as deflagrou: o livro continuando a ser um prumo de rumos agora distanciados no horizonte mais rico e sem limites das reflexões e das associações inesperadas.

Neste sentido, quando se fala de leituras arquivadas é antes pensando no que elas podem vir a significar quando retomado um ou outro dos motivos que sugeriram o seu arquivamento, uma espécie menos assustadora embora não menos rica de caixa de Pandora, do que em sua condição de arquivo a que sempre se associa a imagem triste do esquecimento.

Ao contrário, as leituras são arquivadas para que possam, por força de novos estímulos provocados pela memória, a certa altura ganhar vida nova e passar a conviver com novas leituras.

Como não existem leituras sem que ocorram reflexões ou associações voluntárias ou involuntárias que acabam por puxar o leitor para fora do livro, cada leitura arquivada pode ser motivo para que a memória faça ecoar outras reflexões, outras leituras, outras memórias... que vão constituindo aquele possível texto sempre incompleto de ecos infinitos que se costuma chamar de crítico ou ensaístico.

Para fora do livro: embora tendo por origem essa ou aquela obra lida e sendo mesmo um registro fundamental de sua importância para o leitor, a leitura que foi arquivada não se esgota jamais em si mesma, arrastando pela releitura, que se dá pela memória, toda a experiência do leitor, seja aquela do momento em que ocorreu a primeira leitura, seja aquilo que se foi acumulando posterior a ela.

E quando se fala de experiência não se trata apenas daquela circunscrita ao universo do livro mas envolve tudo aquilo que, para o leitor, significou e significa leituras diversas de múltiplas realidades. Como se, a partir da experiência limitada do livro, surgisse um leitor de experiências, é claro que provocado pelo que foi leitura de obra, ou trecho de obra, cujo valor tenha sido anotado por seu arquivamento.

Para que não se fique apenas nas generalidades, vou dar dois exemplos de leituras que arquivei já faz muito tempo (ainda na época daquelas fichas cartonadas, a que aludi) e referidas, como se fossem pequenos verbetes, ao acaso na história e ao tópico literário conhecido como *adynata*, ou enumeração de coisas impossíveis. Transcrevo-as nesta ordem:

O acaso continua a ser uma grande tarefa para o historiador.

Quando Montesquieu, em suas *Considérations*, construía uma monumental obra anti-Bossuet, rejeitando o abuso da providência divina por parte do grande sacerdote, em seu *Discours sur l'Histoire Universelle*, com o estabelecimento de causas quase físicas para o fenômeno do Império Romano, inaugurava uma disputa historiográfica que ainda não terminou. Assim é que dois modernos historiadores, Lucien Febvre e Henri Beer, em verbete escrito para a *Encyclopædia of Social Sciences*, intitulado "History and Historiography", não deixaram de tentar uma definição do acaso:

Acaso é o fenômeno que nem é o efeito de uma lei, nem de um desejo, mas uma coincidência de uma série de fenômenos independentes e os quais, na verdade, não são nem podem ser previstos (*foreseen*) pela mente humana.

Mas Spengler ou Toynbee tentaram o *foreseen*. Como, à sua maneira, tentaram Montesquieu ou Voltaire. Nem mesmo Marx deixou de tentá-lo. Porque o acaso é também luta de classes, ascensão do proletariado, derrocada final do capitalismo. Carlyle inverteu o problema: ficou do lado do herói. Por seu intermédio, seria fácil entender a Itália Renascentista dos *condottieri*, mas não se poderia compreender a "rebelião das massas", de Ortega y Gasset. Quando Burckhardt falava do Estado como obra de arte chegava perto de uma solução: tirar o acaso da história seria reduzir o papel do historiador ao de simples escriba de acontecimentos desconexos.

O historiador tem que tentar a sua ordem e, se ele é grande, tem que dar a sua jogada, pois ele não deixa de ser, como já se disse em tom de piada, um profeta de costas. Por isso, Hegel é tão vivo ainda hoje. Mas o Hegel leitor de Herder e de Vico e não o divulgado por vias do marxismo ortodoxo, através daquilo que o próprio Marx procurava não ser.

Um eclipse do sol deu origem a um novo tópico literário.

Em 6 de abril de 648 a.C., o espantado Arquíloco via um eclipse e passava a acreditar na possibilidade de todas as coisas, desde que Zeus obscurecera o próprio sol.

Surgira o que se passou a chamar de *adynata*. Era a "seriação das coisas impossíveis", usada por Virgílio e muito conhecida na Idade Média, principalmente através de um trecho da *Carmina Burana* que começa assim:

Florebat olim studium
(Outrora o estudo florescia).

Não é preciso dizer que o tema foi estudado por Ernst Robert Curtius na *Literatura Européia e Idade Média Latina*. Mas um brasileiro, Augusto

Meyer, também enveredou pelo assunto, descobrindo mesmo a presença do processo de *adynata* num poeta popular gaúcho, conhecido como Pedro Canga.

Virgílio foi o grande mestre da *adynata*: por ele, a Idade Média repetiu as *impossibillia*.

Curioso: desde Arquíloco, passando por Virgílio e pela *Carmina Burana* (como deixar de lembrar Carl Orff?), até o surrealismo dos anos 1920 e o poeta popular gaúcho, Curtius e Meyer, um com a preocupação dos tópicos (*topoi*) e o outro com os olhos voltados para Camões, em *Camões, o Bruxo*, revelam uma continuidade espantosa de reflexão.

A originalidade absoluta seria muito menos procurada se se entendesse bem o problema. É a única conclusão possível.

Como se pode ver, a partir de citações de trechos de obra (no primeiro caso) ou do achado de um detalhe em obra lida e relida (a obra de Curtius), a leitura que se arquivou pode, e deve, despertar interesses que estão para muito além delas mesmas.

É a leitura ganhando vida (e alegria, por que não?) para além das amarras e da tristeza do arquivo. E isto só acontece quando as leituras são desarquivadas pelo sopro da renovação.

I

I

Abrindo o Arquivo*

Otto Maria Carpeaux já observava, a respeito do livro de Paul Hazard sobre o século XVIII, que existem títulos que se tornam inseparáveis daquilo que o autor estuda.

De fato, a *Crise na Consciência Européia* (título da obra de Hazard) é hoje sinônimo de Iluminismo, de Ilustração setecentista.

Da mesma maneira, a obra de Werner Jaeger, *Paidea*, é hoje sinônimo de cultura grega. E isto porque os fins a que se dirigia Jaeger, ao pensar na elaboração da obra, isto é, o estudo do esquema educacional grego, foram amplamente ultrapassados depois de terminada a pesquisa.

Paidea é tanto sinônimo de cultura grega quanto *Outono da Idade Média* o é de estilo gótico-flamengo.

Huizinga, Hazard e Jaeger são criadores de títulos-conceitos.

No arquivo, uma definição do último da palavra grega *aretê*.

Aqui uma definição assume as dimensões de uma crítica filológica, a exemplo das que realizaram Nietzsche ou Burckhardt.

Diz Jaeger:

> A palavra *virtude*, em sua acepção não atenuada pelo uso puramente moral, como expressão do mais alto ideal cavalheiresco, unido a uma conduta cortesã e seleta e o heroísmo guerreiro, expressa, talvez, o sentido da palavra grega.

---

* Publicado na *Gazeta Mercantil* em 4.4.2003.

Foi por aí que se chegou à conceituação da *virtù* italiana, esquematizada por um Maquiavel.

Sem ela, seria praticamente impossível a compreensão do "Estado como obra de arte", como está em *O Príncipe*, de acordo com a leitura de Ernst Cassirer.

E, a partir de uma tal conceituação de *aretê*, poder-se-á chegar ao conhecimento da arte grega posterior à época dos tiranos, arte delicada e sutil, sintetizando as contradições latentes da democracia ateniense, expressas nos jogos do pensamento sofístico.

Arte quase tão cortesã quanto a dos anos românicos da cultura medieval. Sem a informação ideológica que orientou o estilo grego, evidentemente. E, por isso, tão diversa.

Existem livros que, bem lidos, bem pensados, bem anotados, dariam para preencher um número enorme de fichas.

O livro *Camões, o Bruxo, e Outros Estudos*, de Augusto Meyer, é um desses. Não deixando, ele mesmo, de ser uma espécie de bruxaria: a crítica, a analítica.

Sobre Camões, o escritor gaúcho tornou-se mesmo um pouco bruxo. Dele, as fichas no arquivo são inúmeras.

Desde, por exemplo, o problema da imitação entre os antigos, passando pelos efeitos resultantes da monofonia, até o significado e emprego da *retratactio*.

É curioso: numerosas vezes o grande Ernst Robert Curtius aparece citado por Meyer. É que, me parece, é o gaúcho, no Brasil, o escritor que mais afinidade espiritual mostra com o alemão, talvez mais puro do que ele, pois rio-grandense-do-sul e de família alemã, o brasileiro é também um pouco alemão. E não só eugenicamente, mas intelectualmente: sobretudo pela leitura demorada e minuciosa em que se compraz. Basta ver a sua análise e interpretação do *Bateau Îvre*, de Rimbaud.

A aliteração, por exemplo, foi estudada, em Camões, com uma enorme paciência e acuidade.

Assim, o lado negativo na insistência da aliteração foi sintetizado, de modo admirável, no seguinte trecho:

Momentos há em que a insistência aliterativa, em vez de criar uma linha melódica, de expressão cantante, ou fere o ouvido, importunando ou cansando a atenção do leitor, ou se anula por excesso.

E cita, como exemplo, os versos:

Que, se a Tântalo e Tício for notória...
Pois também te move o sentimento
Da morte de Tiónio, triste e escura...
A pena que lá têm terão por glória...
Desta arte o Mouro atônito e torvado...

Aliteração que pertence à mais usual das famílias aliterativas. É quase tudo. O *quase* significa a interpretação que me parece faltar neste livro de Meyer. O que existe no já citado livro sobre Rimbaud.

Neste, ele ficou do lado da análise, exclusivamente. O que é perigoso, mas não defeito.

Camões encontrou um lugar definitivo na bibliografia brasileira através do crítico gaúcho.

No arquivo, três fichas sobre o arcadismo, feitas sob o impacto da leitura da obra notável de Antonio Candido, *Formação da Literatura Brasileira*.

Fórmula estética do arcadismo, definição do arcadismo e tipo do herói arcádico, são os seus títulos.

A fórmula estética do arcadismo seria, para o autor, a seguinte: arcadismo = classicismo francês + herança greco-latina + tendências próprias do setecentismo. Tudo isso, evidentemente, para o que preferiu chamar de "literatura comum", substituindo a surrada expressão de "literatura luso-brasileira".

Mas o que mais interessa ao autor é exatamente o último termo da adição: as tendências setecentistas. Daí a afirmação:

Estas variam de país para país mas compreendem, em geral, [...], o culto da sensibilidade, a fé na razão e na ciência, o interesse pelos problemas sociais, podendo-se, talvez, reduzi-las à seguinte expressão: o verdadeiro é o natural, o natural é o racional. A literatura seria, conseqüentemente, expressão racional da natureza, para assim manifestar a verdade, buscando, à luz do espírito moderno, uma última encarnação da mimese aristotélica. Foi este o padrão ideal, o arquétipo a que se podem referir as várias manifestações particulares, e a cuja investigação convém proceder, tomando como ponto de reparo os três grandes conceitos chaves mencionados: razão, natureza e verdade.

Desta maneira, então, é fácil entender tanto a procurada conjunção natureza/razão, na obra de Tomás Antônio Gonzaga, quanto a participação efetiva de nossos árcades na Inconfidência.

Tudo isso aureolado por uma espécie de purificação que era impressa pela volta a uma idade de ouro corporificada no herói setecentista: o homem natural por excelência, o homem paradisíaco de Montaigne, ou o *bon sauvage* de Rousseau.

Por isso, o arcadismo foi mais do que simplesmente uma nova moda literária.

Foi uma filosofia de vida, um padrão que orientou os conflitos, as reações, as disposições e as artes da cultura comum, a brasileira e a portuguesa, do século do Iluminismo.

O respeito pela integridade da obra literária pode chegar ao extremo de repelir a análise? É uma questão árdua e jamais resolvida completamente.

Há muito de romantismo na idéia da inviolabilidade da obra: um recuo diante de sua complexidade pela rejeição da análise.

Mas há também, como sempre, o oposto: a exagerada minúcia pode obscurecer aquilo que ela tem de mais essencial e este é, quase sempre, indizível. São os milhares de imponderáveis valores que se organizam em forma de obra e que, subitamente, levam para onde menos se esperava.

Muitas vezes, o suficiente é muito pouco: a insubstituível intuição encarrega-se de quase tudo. Outras vezes, a coisa se complica e é necessário uma certa técnica que empurre o primeiro impacto para o núcleo mais inacessível.

Em crítica literária (sendo impossível separar o crítico do leitor) procura-se resolver o impasse pela conjunção de análise e interpretação. Sem prioridades. O problema ainda aqui, mais uma vez, está na dosagem. O grande risco que sempre se corre é o de não fazer tudo funcionar organicamente. É separar, sistematizar e agir por superposição. Primeiro a análise, depois a interpretação, de novo análise, novamente interpretação etc. etc.

Uma ficha de leitura de um crítico menor, Raul H. Castagnino, pode servir de exemplo:

Se a análise é a desintegração da obra em seus elementos componentes, a segunda tarefa é a interpretação, que resulta da síntese ou reintegração das partes no todo. Estas duas operações se correspondem: não pode haver análise se não se correlaciona com a interpretação, enquanto esta traz os elementos que, sem ser a obra mesma, a explicam. Estas operações complementam-se interdependentemente.

Convenhamos: o texto é muito dúbio. E como resultado de uma posição básica, ela mesma dúbia: a de que há prioridade. Fala-se de "segunda tarefa" de modo muito rígido, embora, mais adiante, pretenda-se um equilíbrio com a afirmação da interdependência das operações.

É o mesmo erro que se pode praticar com o estabelecimento de uma distinção dogmática entre fundo e forma da obra literária.

2

REFLEXÕES SOBRE O MÉTODO*

I

CREIO QUE, IMPLÍCITA OU EXPLICITAMENTE, a questão do método (no sentido mais amplo de "caminho para chegar a um fim", conforme a etimologia grega) é central nos estudos literários e não apenas naqueles de teoria literária, mas nos das literaturas nacionais que compõem o quadro geral daqueles estudos.

Embora a sua plena configuração e reconhecimento se torne mais clara nos estudos pós-graduados, quando a escolha de um tópico, a ser desenvolvido como dissertação ou tese, implica de imediato um caminho a ser percorrido para o seu desenvolvimento, a questão do método já se põe nos estudos graduados, seja como maneira de ler os textos, seja como modo específico de realizar o seu ensino/aprendizado.

Um método de ler e um método de ensinar a ler: operações simultâneas e rotineiras que ocorrem na prática do ensino/aprendizado da literatura.

Mas não se chega a um método, aquele que pode ser definido pela prática da leitura, sem a experiência plural de métodos, mais ou menos adequados a um objeto – o texto, a obra, o autor, o momento ou movimento literário – que se tem em mira.

* Publicado na revista *Itinerários*, n. 24 / "Narrativa Poética", Araraquara, Laboratório Editorial da Unesp, Faculdade de Ciências e Letras, 2006.

Por isso, quando se fala de método adotado para caracterizar um trabalho é algo que ocorre sempre *a posteriori* – resultado único de uma pluralidade de caminhos trilhados por entre textos, obras, autores, momentos ou movimentos literários.

O método, entretanto, não se confunde com as técnicas utilizadas para a sua efetivação, embora exista uma relação metonímica, em que as últimas funcionam como partes operacionais de uma totalidade que é o método.

O método é antes uma maneira, uma escolha, uma maneira de escolha por entre possíveis técnicas do que sua utilização pura e simples.

Neste sentido, ao se falar em método de um autor o que se quer significar é, sobretudo, aquilo que resultou de escolhas por entre possíveis maneiras de ler, analisar e interpretar dados advindos da própria leitura.

É claro que, para essa leitura, que se completa pela interpretação, concorrem fatores ou circunstâncias, dentre os quais avultam, sem dúvida, as técnicas de leitura utilizadas, que combinam elementos individuais e de contexto.

Os métodos críticos, pois é em torno deles que se está refletindo, jamais são, por assim dizer, quimicamente puros, sobretudo aqueles que são referidos às misturadas expressões de arte, em que são tão decisivos os elementos de impureza da realidade circunstancial e histórica quanto as aspirações por uma especificação de linguagem que sonhe em anular as ambivalências e ambigüidades que existem naquelas expressões.

A escolha de um método, portanto, é traço indicial das tensões entre circunstâncias individuais e históricas, ambas sempre presentes no próprio objeto de leitura e conseqüente interpretação, que resultam numa espécie de estilo crítico do leitor.

Mas uma coisa é dizer, por exemplo, *Introdução ao Método Crítico de Sílvio Romero*, como ocorre no famoso ensaio de Antonio Candido, com que inaugurou a sua trajetória de estudioso universitário de literatura, em 1945, e outra, muito diversa, é falar em *Introdução ao Método de Leonardo Da Vinci*, como está no ensaio de Paul Valéry, de 1895, também inaugural no pensamento do poeta.

No primeiro caso, mais próximo daquilo que vem sendo dito aqui, trata-se de ler a obra de um crítico, Sílvio Romero.

Por um lado, refazendo os caminhos de suas leituras, buscando apreender o seu aprendizado de posições críticas, a sua formação de leitor e o modo pelo qual deu expressão, na leitura, às suas escolhas e, por outro, articulando as suas idiossincrasias críticas resultantes, o seu estilo crítico, a um contexto mais amplo de época, marcado por circunstâncias históricas e sociais específicas.

Neste sentido, não basta apenas fixar a dependência do crítico com relação aos modelos de naturalismo crítico, sobretudo o evolucionista, de que, sem dúvida, ele era caudatário, mas se inclui também a leitura por ele realizada do momento brasileiro de meados do século XIX, envolvendo desde os problemas mais eminentemente políticos do republicanismo de inspiração positivista, que começa a se fortalecer a partir dos anos 1870, até os problemas sociais da escravidão que é legalmente abolida no ano de publicação da sua obra fundamental de síntese que é a *História da Literatura Brasileira*, de 1888.

É da fusão entre os modelos críticos naturalistas e aquela leitura contextual e histórica que se constitui uma maneira de ler a literatura que é a de Sílvio Romero.

O seu "método crítico", de que Antonio Candido, ao mesmo tempo que traça um roteiro introdutório, extrai elementos preciosos para o estudo de um momento crítico fundamental na história da crítica brasileira, estabelece uma espécie de rica e fértil simbiose em que o crítico de hoje encontra no crítico de ontem os argumentos de defesa e de condenação para a constituição de seu próprio método de leitura crítica.

Um método que vai, posteriormente, fertilizado por tudo o que aconteceu entre o naturalismo do século XIX e meados do século XX, insistir na reversibilidade estrutural e enriquecedora entre o interno, a leitura, por assim dizer, imanente da literatura, e o externo, os seus condicionamentos sociais e históricos.

No segundo caso, o da leitura de Da Vinci por Valéry, embora se trate também de apreender um método, como está no título do ensaio, há uma diferença básica e que se refere, antes de mais nada, à própria concepção de método.

Aqui não se está falando de uma maneira crítica de ler, ou mesmo de pintar, como se poderia de imediato inferir, sendo Da Vinci quem foi, ou das duas coisas, dada a existência de seus admiráveis *Quaderni*, mas de buscar a centralidade de um pensamento, ou "atitude central", como a denomina o próprio Valéry, "a partir da qual", segundo ele, "as realizações do conhecimento e as operações da arte são igualmente possíveis".

O objetivo do ensaio de Valéry era, portanto, a revelação de um método que se traduz por aquela "atitude central": a perspectiva a partir da qual os domínios dos meios artísticos, das técnicas e das ciências se respondem mutuamente pela instauração daquilo que Valéry chama de "lógica imaginativa", ou analógica, e que se funda, de acordo com o poeta francês, no encontro de relações, para usar suas próprias palavras, "entre coisas cuja lei de continuidade nos escapa".

Ultrapassa-se aqui a significação etimológica referida no início e de que o *Discurso sobre o Método*, de Descartes, foi a grande cristalização moderna: o método não como "um caminho para chegar a um fim", como está na etimologia, mas o próprio fim como um caminho cujo começo se busca apreender.

Na verdade, uma espécie precursora de todas aquelas teorias antimétodo de que o exemplo do filósofo das ciências Paul Feyerabend, autor de *Contra o Método*, talvez seja o mais famoso.

Contra o caminho da metódica *vita simplicissima* cartesiana, a que o próprio Valéry alude na epígrafe de *Monsieur Teste*, as "vertigens da analogia", ou de uma lógica desconhecida, a que ele mesmo se refere na *Introdução*.

Não obstante a distinção entre as duas maneiras de falar, ou dizer sobre método – a que está em Antonio Candido e a que se pode extrair de Paul Valéry –, ambas apontam para um traço em comum.

Assim como o estudo sobre Sílvio Romero foi inaugural no que se refere à perspectiva acadêmica do crítico brasileiro e, ao mesmo tempo, também originária de seu próprio estilo crítico, como já se assinalou, assim a *Introdução* de Valéry, ao ler o método de Leonardo, encontrava os elementos que serão, posteriormente, fundamentais, sobretudo no que se refere aos efeitos de reciprocidade entre artes, ciências e técnicas, para aquela busca de consistência que ele descobrira no Edgar Poe de *Eureka*, como ele revela na *Introdução* que escreve, em 1921, para a tradução da obra por Baudelaire, e que Italo Calvino insinuou na última de suas *Conferências para o Próximo Milênio* – marca não só do poeta de *La Jeune Parque*, mas do autor de *Variété* ou dos *Cahiers*.

Não é de surpreender: são numerosos os exemplos, na história da literatura, daqueles autores que tomaram o seu impulso decisivo a partir da discussão do método de ler e de pensar de outros e o caso de Marcel Proust, lendo e fazendo a crítica do método de Sainte-Beuve, em *Contre Sainte-Beuve*, partindo daí para a elaboração de *À la Recherche du Temps Perdu*, é exemplar mas não certamente o único. Mesmo porque as obras literárias, como é bem sabido, não se fazem apenas de reações a estímulos internos ou externos, mas incluem, em suas elaborações, a leitura de outras obras.

Por tudo isso, a reflexão sobre a questão do método, no âmbito dos estudos literários, pode ter uma abrangência e um significado que vai muito além de sua identificação com a história das teorias críticas, tal como ela é usualmente pensada, envolvendo aspectos de criação e leitura literárias essenciais para aqueles estudos.

Antes de mais nada porque a questão do método crítico não se afasta da experiência concreta da obra literária, sendo marcada, seja qual for a ordem de prioridades (e elas são sempre inevitáveis, dada a individualidade do crítico), pelos mesmos elementos de tensão que constituem aquela experiência e que decorrem de uma historicidade complexa: a imbricação de história circunstancial, o solo histórico e social, e de história da própria linguagem literária com todas as ambivalências em pertencer a um sistema de comunicação, fincado naquele solo, e, ao mesmo tempo, refazer e, com freqüência, contrariar aquele sistema.

A historicidade da literatura é de natureza complexa também porque quer a categoria de tempo quer a de espaço são, por assim dizer, resolvidas (no sentido de que as antinomias são traduzidas em termos de ambigüidade) pelo próprio processo de construção em que o tempo e o espaço circunstanciais são lidos nos intervalos entre, para usar os termos famosos de T. S. Eliot, a "tradição e o talento individual".

Mas, atenção!, resolvidas não quer dizer pacificadas por uma leitura de acomodação. Ao contrário disso, exatamente porque as antinomias são traduzidas literariamente em termos de ambigüidade (o que é uma das singularizações da linguagem literária), tempo e espaço literários são categorias que mais incisivamente configuram as relações de tensão que sobressaem na qualidade histórica da obra literária e, por conseqüência, na questão de método por ela suscitada.

Por outro lado, tais categorias – as de tempo e espaço –, exatamente em decorrência do uso particular que da linguagem fazem as obras literárias, não se deixam apreender nem pelas marcas uniformes da diacronia, isto é, o tempo como uma seqüência de eventos, nem pelas descrições ainda que pormenorizadas de circunstâncias concretas, quer dizer, o espaço como um sistema da aglutinações de características geográficas e sociais.

E esta impossibilidade de apreensão decorre, sobretudo, de que, no que se refere à obra literária, o tempo, assim como o espaço, tem uma existência múltipla e de simultaneidade, resultante do próprio processo de construção da obra que joga com as possibilidades também múltiplas e simultâneas de significação da linguagem.

Por isso, mesmo considerando uma única obra, o seu é um tempo plural que envolve desde aquele do autor, uma espécie de tempo biográfico, até aquele do público, não só aquele ao qual se dirige, mas aquele que, com freqüência, é elemento implícito na própria composição – aquele "leitor implícito", complemento essencial do "autor implícito" de algumas correntes críticas contemporâneas –, passando por aquilo que é tempo literário específico como o que se representa por gêneros e movimentos literários.

Da mesma maneira, o espaço de uma única obra não se traduz apenas por aquele território delimitado seja pela figura do autor enquanto indivíduo pertencente a uma ou outra comunidade geográfica e social, no caso sobretudo da lírica, seja pela invenção narrativa que, através de personagens, o reconstrói e interpreta, mas implica também um espaço literário e imaginário que funciona como convergência de experiências concretas ou inventadas que trazem para a obra a tradição dos *topoi* (e aqui penso na obra admirável de Ernst Robert Curtius) ou a antecipação das ideologias.

Quem hoje confinaria o *Dom Quixote* quer ao século XVII espanhol, quando em 1605 e 1615 foram publicadas as duas partes da obra, quer àquela região áspera da Mancha, por onde o suave e louco cavaleiro e seu pajem passeavam as suas aventuras, como modo de caracterizar a obra? Creio que ninguém, pois o tempo da obra, sendo legitimamente aquele do século XVII, é também o da leitura das novelas de cavalaria de toda a tradição ibérica e, por isso mesmo, o seu espaço é dilatado para além das fronteiras manchegas ou mesmo espanholas.

Ou o *Ulisses* a um certo dia dos primeiros anos do século XX e a uma cidade – Dublin –, por onde o judeu Leopold Bloom passeia as suas contradições e tormentos? Creio também que ninguém, pois logo se percebe que o tempo da obra de Joyce inclui o de toda a tradição da literatura ocidental, a partir de Homero, e o seu espaço, sendo legitimamente o irlandês, é também uma leitura dos espaços homéricos traduzidos da grande épica para o estilo rebaixado dos estilhaços do British Empire.

Ou, enfim, o *Madame Bovary* a alguns anos de meados do século XIX francês e ao espaço asfixiante da vida provinciana, quando a jovem Bovary se debate entre a realidade pequena de uma classe média sem imaginação e o fértil imaginário dos romances românticos com que procura compensar os seus devaneios e os seus mais íntimos desejos que não encontravam no pobre e medíocre Charles um interlocutor à altura? Creio, finalmente, que ninguém, pois vida provinciana, desejos reprimidos e leituras românticas, ao mesmo tempo que embaralham o tempo da narrativa, chegando mesmo, como o viu Joseph Frank, em *Spatial Form in Modern Novel*, à sua espacialização, fecundam o espaço limitado do romance com aquilo que é próprio da literatura ou, melhor dizendo, do imaginário literário, operando a convergência dos espaços da tradição e da realidade.

Em nenhum dos casos citados, acentue-se, é desprezível o conhecimento quer do tempo histórico e circunstancial das obras, quer a localização detalhada de seus espaços geográficos e sociais.

O que se afirma é a sua insuficiência para dar conta da leitura das obras, uma vez que a própria realização delas, quando lidas, já modificou os conceitos de tempo e espaço exteriores a elas.

Mesmo porque, quando ocorre o caso de leituras confinadas, a apreensão de sua historicidade essencial deixa de ser elemento implícito no discurso crítico de análise para se transformar em notas explicativas apenas ao texto que, embora de grande utilidade para o esclarecimento de detalhes, são conservadas nos umbrais da leitura propriamente crítica, isto é, aquela que procura articular as transformações daquelas notas em matérias concretas da experiência literária.

E esta, como se sabe, envolve muito mais do que o conhecimento do tempo histórico ou do espaço geográfico: envolve, sobretudo, por parte daquele que experimenta, a imersão num tempo e num espaço ficcionais, de onde a crítica, ou o leitor possuído pelo desejo crítico, retorna em busca de uma coerência que melhor se ajuste aos sobressaltos de sensibilidade, de emoção ou de desassossego conceitual ocasionados pela leitura.

Como tudo isso está intimamente articulado por certos usos da linguagem, aqueles usos que deslocam incessantemente o leitor por entre significações, chegando, às vezes, ao limiar da incompreensão, aquele retorno, com freqüência, se traduz no estabelecimento de um ponto de vista a partir do qual a coerência pretendida pode ser alcançada. É o momento das escolhas e das avaliações por onde se instauram os métodos críticos.

Volta-se, portanto, ao que se disse inicialmente: o método como uma escolha, uma maneira de escolha por entre possíveis técnicas de efetivação da leitura. Mas agora, depois de já percorrido um largo caminho de reflexão, pode-se acrescentar: uma escolha marcada por complexas historicidades que são as do leitor e da obra e que jamais se separam da experiência concreta e, por isso, também histórica da leitura.

Neste sentido, quando se escolhe um método, sempre posterior à leitura da obra (e é preciso não esquecer: entenda-se obra com todos aqueles elementos que a configuram, desde o autor até à sua recepção de leitura), buscando estabelecer uma coerência de descrição, de explicação e de interpretação, a seleção de um aspecto, sejam o autor, a obra como objeto construído, o leitor, o momento em que se insere ou o movimento literário a que pertence, termina por ser o aglutinador de juízos de valor não só da obra (em seu sentido plural, insista-se) mas do próprio método escolhido e, por conseqüência, daquele que o utiliza.

Por isso mesmo, não se pode pensar numa escolha de método sem duas condições prévias de base: a leitura da obra e de todos os seus suportes e condicionamentos e uma concepção de valores que assumem a função de ponto de vista.

A primeira, aparentemente óbvia e corriqueira, requer, no entanto, uma espécie de entrega total do leitor, trazendo para o espaço de uma leitura específica tudo aquilo que é, ou foi, experiências anteriores de outros espaços de leitura, não apenas de outras obras mas de leituras da obra agora lida, apontando para desdobramentos bibliográficos cada vez mais complexos à medida que a leitura evolui.

A segunda condição, buscando justificativas para o ponto de vista assumido na escolha de um método, significa essencialmente o conhecimento da pluralidade possível de métodos, dentre os quais a seleção e os ajustamentos podem ser realizados e que têm a sua origem numa larga tradição de conceitos sobre a própria invenção literária.

É esta segunda condição que se confunde com o estudo dos métodos críticos e, pode-se dizer, com a própria história da crítica literária, pois se trata de conhecer as diversas e numerosas maneiras que foram sendo elaboradas como métodos de apreensão, compreensão e interpretação das obras.

Desde as primeiras poéticas e retóricas do mundo grego e romano até os mais recentes movimentos críticos de desconstrução ou pós-estruturalistas e pós-modernos de crítica pós-colonialista e feminista.

É assim de tal modo largo o seu arco temporal que um estudo e um conhecimento diacrônicos terminam por se transformar numa quase impossível enciclopédia histórica da crítica literária.

Por isso mesmo, alguns esforços têm sido feitos no sentido de construir esquemas que, partindo da existência da obra e envolvendo as linhas de força essenciais de sua configuração, possam facilitar o conhecimento dos métodos críticos, de acordo com as ênfases de acentuação naquelas mesmas linhas.

É o caso, por exemplo, daquilo que está, como introdução, no influente livro de M. H. Abrams, *The Mirror and the Lamp*, de 1953, *Teoria Romântica e Tradição Crítica acerca do Fato Literário*, como diz o subtítulo da obra. Trata-se do ensaio "Orientations of Critical Theories", depois refundido como verbete para *The Princeton Handbook of Poetic Terms*, com o título de "Types and Orientations of Critical Theories", editado por Alex Preminger, em 1986, e, finalmente publicado, como primeiro capítulo, na reunião de ensaios do autor, intitulada *Doing Things with Texts: Essays in Criticism and Critical Theory*, de 1991.

Na primeira versão do ensaio, a de 1953, está dito:

> Quatro elementos são identificados e postos em relevo no conjunto de uma obra de arte, sob um ou outro sinônimo, em quase todas as teorias que se propõem ser abrangentes.
>
> Primeiro, está a "obra", o produto artístico em si. E desde que é um produto humano, um artifício, o segundo elemento comum é o artífice, o "artista". Terceiro, se supõe que a obra tem um tema ou assunto, o qual direta ou indiretamente deriva de coisas existentes; versa sobre ou significa ou reflete algo que existe ou tem alguma relação com um estado de coisas objetivo. Este terceiro elemento, quer se sustente por si mesmo, ou que consista em pessoas e ações, idéias e sentimentos, coisas materiais e acontecimentos, ou em essências supra-sensíveis, foi freqüentemente designado por essa palavra equívoca usada para todas as coisas – a "natureza"; que nos seja permitido empregar, em seu lugar, o termo mais neutro e mais abrangente, o "universo". Como elemento final, temos o "público" ou "auditório": os ouvintes, espectadores ou leitores a quem se dirige a obra ou para cuja atenção, de algum modo, chega a fazer-se disponível[1].

Ou como se diz, de maneira mais sintética e ainda mais clara, nas versões mais recentes do ensaio, substituindo-se a palavra *obra* por *poema:* "Um *poema* é produzido por um *poeta*, é relacionado por seu assunto ao *universo* de seres humanos, coisas e acontecimentos e está endereçado a, ou tornado acessível a, uma *audiência* de ouvintes ou leitores".

É a partir desses fatores constituintes da obra, ou poema, que Abrams relaciona, segundo suas próprias palavras, "quatro amplos tipos de teoria poética, que podem ser intitulados mimético, pragmático, expressivo e objetivo"[2].

---

1. M. H. Abrams, "Orientación de las Teorías Críticas", em *El Espejo y la Lámpara: Teoría Romántica y Tradición Crítica Acerca del Hecho Literario*, traducción directa por Gregorio Aráoz, Buenos Aires, Editorial Nova, 1962, pp. 16-17.
2. *Idem*, p. 4.

É claro que, dado o escopo do livro de M. H. Abrams, isto é, uma leitura da teoria romântica da poesia, sobretudo ou quase somente, a inglesa, o esquema adotado por ele apenas acena, mas não aprofunda, o modo pelo qual essas orientações críticas foram sendo moduladas pelas diversas épocas da história da crítica literária.

Mas isto não seria impossível de fazer e a obra de René Wellek, *História da Crítica Moderna*, que vai de 1750 a 1950, é uma prova disso.

De qualquer maneira, pode servir como uma espécie de *aide-mémoire* para uma reflexão sobre a pluralidade dos métodos críticos e o seu conhecimento pode ser um bom antídoto para que o estudioso da literatura, tomando consciência da pluralidade, escape dos reducionismos perigosos, sabendo escolher a orientação que melhor convém à satisfação daquela primeira condição estabelecida para a escolha metodológica, isto é, a imersão total na leitura da obra.

Sendo assim, entre as duas condições de base para a escolha, cria-se uma intensa solidariedade em que a leitura da obra, por assim dizer, solicita o conhecimento da tradição crítica e este, por sua vez, só ganha sentido na medida em que, não sendo apenas um exercício de erudição, acrescenta novas possibilidades de leitura.

Isto porque, mesmo considerando um esquema como o adotado por Abrams, cada uma das orientações críticas é atravessada por conteúdos filosóficos (caso das miméticas) ou psicológicos, históricos, sociais e antropológicos (caso das pragmáticas e das expressivas) que são, para mais uma vez usar a mesma expressão e com o mesmo sentido, *resolvidos* no objeto construído que é a obra (caso das orientações objetivas).

Resolvidos, agora acrescente-se, pelo trabalho de análise da construção realizado pelo leitor que não os lê separados da obra mas como integrantes de um mesmo sistema de significado.

O que significa dizer que aquilo que é filosófico, psicológico, histórico, social ou antropológico na obra e que, sem dúvida, aponta para o que Abrams chama de *universo* em seu esquema, deixa de ser apenas conteúdos para, por força mesma da construção, serem elementos do sistema de significado, isto é, daquilo que resultou das articulações entre as significações e o modo de suas representações.

O que, por outro lado, aponta seja para as limitações de cada uma das orientações tomadas em si mesmas, sobrando apenas a coerência de adequação a uma determinada obra e sua leitura, seja para as do leitor que, por isso mesmo, seleciona um ponto de vista, que será o seu método, mais ou menos adequado em decorrência de uma maior ou menor integração dos elementos estruturadores daquele sistema de articulações.

Como, por outro lado, o leitor traz consigo, para a experiência de leitura de uma única obra, experiências anteriores de leitura e o conhecimento de métodos utilizados para a sua apreensão, a leitura atual se faz sempre por entre os estímulos imediatos advindos da obra que lê e a consciência, por assim dizer, cultural, ou histórica, de outras leituras e de outras maneiras criadas para a sua efetivação.

E a não ser que, aprioristicamente, o leitor se decida pela aplicação de uma espécie de camisa-de-força metodológica (caso, infelizmente, muito freqüente em que se confunde leitura da obra com demonstração de uso de uma técnica), a experiência de leitura é sempre muito mais intensa do que a sua sujeição a um único método, uma vez que, pela obra, passam e se articulam elementos os mais díspares da própria experiência histórica, social ou mesmo psicológica.

E se, por outro lado, não se perde de vista o fato de que é a obra como realização concreta o objeto da leitura, o seu *point de repère*, embora não estático, nem passivo, mas, ao contrário, instigador de uma pluralidade de respostas, tem-se, como corolário, que a sua leitura mais abrangente é aquela que se realiza entre a tensão dos elementos que constituem aquele *universo* mencionado por Abrams, isto é, tudo o que na obra é experiência humana, e as formalizações pelas quais ela se identifica como obra de arte.

O que significa dizer que não basta o conhecimento de aspectos daquele *universo* constituintes da obra nem o da retórica ou poética que cristalizaram aquelas formalizações, quer dizer, o da história dos métodos críticos, para que se possa falar em leitura abrangente.

É decisivo que a tensão referida seja, quer implícita, quer explicitamente, mantida como mecanismo essencial da leitura.

E esta tensão, a meu ver, só se mantém (até mesmo nos limites de uma *mise en abîme*) uma vez que a leitura não seja a de um dos aspectos da complexidade de leitura (que se traduziria por *ou* ler o *universo* da obra *ou* as suas formalizações) mas que se instaure como articuladora entre eles, sabendo se conservar arriscadamente nos intervalos de tempo e de espaço (tal a leitura de uma partitura musical) de concretização da obra.

Arriscadamente: sabe-se que a tendência para uma escolha apriorística é inevitável e mesmo mais de acordo com a inclinação de algumas orientações críticas para a acomodação que tudo busca resolver e pacificar, visando sempre uma totalidade que, certamente, está para além da obra como realização parcial e única.

A escolha dominadora de um daqueles tipos aventados por Abrams, por exemplo, desprezando-se a coexistência dos demais, é muito mais corriqueira do que se possa imaginar e, neste caso, o que termina por ser totalizador ou, no extremo, totalitário, é o método e não a leitura de seu objeto.

Entretanto, exatamente por não temer o risco da inconclusão e da abertura, buscando manter as tensões formadoras da obra, e fugindo, como o diabo da cruz, das pacificações conseguidas a fórceps, uma leitura intervalar é, a meu ver, capaz de melhor se aproximar da obra, deixando-a melhor revelar os seus elementos estruturadores e, ao mesmo tempo, obrigando o leitor a considerar, sem preconceitos, todos aqueles elementos – os históricos, os sociais, os antropológicos, os psicológicos – que convergem para a sua manifestação e que são articulados num espaço/tempo específico de invenção pessoal que é a obra que se lê que, por isso mesmo, não pode desprezar, ou deixar de lado como sabida, a tradição de outras obras e outras leituras.

II

Aos poucos estas reflexões vão tomando, inevitavelmente, um curso muito pessoal. Deixo que assim ocorra e explicito alguma coisa de minha mais íntima experiência de leitor, de professor e de crítico.

Mesmo porque neste ano de 2003 fazem precisos quarenta e dois anos em que, pela primeira vez, busquei refletir sobre métodos críticos ou, melhor ainda, sobre métodos de historiografia literária, num texto intitulado *História da Literatura e Literatura Brasileira*, apresentado como tese ao II Congresso Brasileiro de Crítica e História Literária, em 1961, dezenove anos depois incluído no volume *Opus 60*, de 1980, depois de ter sido publicado nos Anais do referido Congresso.

Na verdade, era uma leitura contextualizada da obra de Antonio Candido, *Formação da Literatura Brasileira: Momentos Decisivos*, sobre a qual havia publicado uma pequena resenha no ano seguinte ao de sua publicação em 1959. E digo contextualizada porque depois de, muito ambiciosamente e com a afoiteza própria de quem tinha 24 anos, passar em revista os métodos da história literária, buscava traçar um quadro da história literária brasileira desde os seus inícios românticos e as grandes reflexões historiográficas de meados do século XIX, com os críticos Sílvio Romero, Araripe Júnior e José Veríssimo, até as reflexões que inspiravam obras como as de Alceu Amoroso Lima, Nelson Werneck Sodré, Afrânio Coutinho, Otto Maria Carpeaux e do próprio Antonio Candido, para o qual convergiam as leituras. E o que mais buscava acentuar eram precisamente as tensões entre literatura e história ou o modo pelo qual a história era lida nos interstícios das obras literárias a partir de um esquema (muito semelhante àquele estabelecido por M. H. Abrams) em que autor, obra e público eram apreendidos como constituindo um sistema solidário e gerador de valores críticos.

A minha experiência de leitura da obra fundamental de Antonio Candido era, no entanto, precedida por uma verdadeira mania de leitura de obras de nossa tradição crítico-histórica e àquela altura posso dizer que já havia lido e relido os principais textos daquela tradição, sobretudo os dos três grandes críticos brasileiros do século XIX e, como não podia deixar de ser, de alguns autores, sobretudo franceses, como Taine, Brunetière, Lemaître, Anatole France ou Lanson, privilegiados pelos primeiros.

Ou mesmo a leitura de historiadores, como Varnhagen, Oliveira Lima ou João Francisco Lisboa, nos quais encontrava motivos para a reflexão sobre as tensas relações entre literatura e história. E neste último, particularmente, havia um excelente material para pensar aquelas relações, sobretudo em seu *Jornal de Timon*, a respeito do qual escrevi a minha segunda tese a um congresso, o III Congresso Brasileiro de Crítica e História Literária, de 1962, intitulada *Jornal de Timon: Singularidade de uma Resposta*, hoje também incluída no mesmo *Opus 60*, de 1980, em que, sobretudo operando com o conceito de "consciência possível" que lia, por então, em Lucien Goldmann, buscava explicar uso de esquemas da narrativa literária para os eventos históricos, como ocorria, por exemplo, nas extraordinárias análises que o historiador maranhense fazia das eleições e partidos políticos no Maranhão, criando personagens ficcionais e enredos romanescos.

O resultado de tais reflexões foi o pequeno volume intitulado *João Francisco Lisboa*, publicado pela Agir em sua prestigiosa coleção "Nossos Clássicos", então dirigida por Alceu Amoroso Lima e Roberto Alvim Corrêa.

E foi lendo o historiador maranhense e a crítica que sobre ele existia em nossa tradição (em que apenas um historiador nosso contemporâneo, Octavio Tarquínio de Souza, havia se interessado por reler a sua obra, editando-lhe uma antologia) que resolvi estudar, de modo mais sistemático, a obra de José Veríssimo. E isto porque o ensaio que escrevera sobre João Francisco Lisboa não era o de um crítico apenas beletrista, um nefelibata de fim de século, como era costume catalogar o crítico paraense, mas se abria generosamente para considerações de ordem histórica e política que não me pareciam caber naquela estreita catalogação.

A leitura da obra de José Veríssimo (e tudo aquilo que representou o seu tempo de atividade crítica, isto é, dos anos 70 do século XIX à primeira década do século XX, sejam obras propriamente literárias, poesia e prosa, sejam obras de crítica, de história, de história literária, de sociologia ou mesmo de antropologia e etnologia) terminou por exigir uma reflexão sobre a questão mais ampla das tensões entre leitura histórica e leitura estética das obras.

A época em que me propus o trabalho era o fim dos anos 1960, quer dizer, de acentuado declínio de interesse pelas questões de história literária e ascensão dos métodos de imanência radicalizada tal como se lia na divulgação, que então se fazia, do formalismo russo, do estruturalismo checo ou do estruturalismo francês.

As minhas leituras se faziam, assim, na contracorrente dos mais vivos métodos de moda, embora não pudessem deixar de ser informadas pelas contribuições óbvias que aquelas correntes mais recentes de crítica e de estudo literário traziam para a questão central de minhas preocupações.

Mais ainda: alguns dos conceitos advindos destas correntes foram decisivos para a formulação do argumento central do trabalho, isto é, de que havia, no crítico paraense, uma ruptura, ou um impasse, como depois vim a nomear, entre a leitura histórica ampla e bem-informada e a avaliação propriamente crítica e estética das obras. E a importância daqueles conceitos se revelava mesmo no subtítulo do trabalho que resultou de minha leitura: ali se fala de "linguagem da crítica e de crítica da linguagem", por onde se procura marcar, desde o título, aquele impasse que, depois, se busca registrar nas diversas leituras realizadas pelo crítico.

Mas era um impasse não apenas do crítico, objeto do estudo, mas de uma larga faixa da própria história da crítica brasileira e, por isso mesmo, se podia falar de uma "tradição do impasse". Uma tradição que era anterior ao crítico e que continuava depois dele, desde que dizia respeito a uma questão central da própria crítica, qual seja, a de ler a historicidade nas obras e não apenas usar a história como *frame* para a sua leitura.

A Tradição do Impasse: Linguagem da Crítica e Crítica da Linguagem em José Veríssimo terminou por ser o título do trabalho, apresentado como tese de doutoramento em 1970 e publicado como livro em 1974.

Na mesma época em que o trabalho era lido, discutido e aprovado pela Universidade, eu já começara a pensar em como dar continuidade ao estudo daquelas tensões entre criação literária e história, ou "invenção literária e crítica da realidade", como vim a chamar o primeiro curso de pós-graduação que ofereci em Teoria Literária e Literatura Comparada.

E agora se tratava de pegar o boi pelo chifre: a leitura, não de um crítico, mas de um poeta em que fosse possível refletir sobre aquelas tensões. E o poeta era João Cabral de Melo Neto que, pouco antes, em 1968, havia publicado um volume de suas *Poesias Completas* que iam desde *Pedra do Sono*, de 1942, a *A Educação pela Pedra*, de 1967, e onde o extremo trabalho com a linguagem da poesia, chegando mesmo a uma obsessiva metalinguagem, não desprezava a leitura, pela poesia, da realidade circunstancial e histórica do poeta.

Não apenas uma poesia "engajada" ou "comprometida", por seus conteúdos sociais e históricos, como se costumava dizer ainda nos anos 1960-1970, mas uma poesia que fazia de sua própria realização um modo de compromisso entre o estético e o ético.

Neste sentido, era necessário não apenas ler a obra do poeta (e tudo aquilo que sobre ele se escrevera numa bibliografia que é das mais copiosas sobre poetas modernos no país. Basta ver a bibliografia crítica organizada sobre ele por Zila Mamede), mas a sua tradição, isto é, o contexto da poesia moderna brasileira, assim como os grandes e universais poetas europeus e norte-americanos com quem a sua poesia manteve, de uma ou outra maneira, diálogos.

Mais ainda: ler e refletir sobre aquilo que de mais importante se havia escrito sobre a própria questão das tensões entre o que há de transitivo e intransitivo na linguagem da poesia, chegando-se, finalmente, à enorme questão da mimese poética.

No entanto, foi somente pela total imersão no texto poético de João Cabral, isto é, pelas leituras e releituras de suas *Poesias Completas*, tomadas como um único texto para a análise, que pude refletir de que modo se dava, pelo menos para mim e naquele momento, a representação da realidade pela poesia. O fundamental é que pude perceber que a crítica da realidade que, de fato, se dava naquela poesia não se fazia apenas pelos conteúdos (em que sobressaíam as leituras feitas pelo poeta das carências de uma realidade miserável como a nordestina) mas pelos modos de construção com que eram nomeados aspectos do real.

Dizendo de outra maneira: tratava-se de que a crítica da realidade operada pela invenção literária passava por uma crítica da linguagem com que esta invenção buscava apreendê-la.

Deste modo, era possível dizer que entre o quase silêncio e a desistência da poesia que está na obra de 1947, *Psicologia da Composição com a Fábula de Anfion e a Antiode*, e o encontro de uma matéria poética que se inaugura com *O Cão sem Plumas*, de 1950, o que ocorrera fora o encontro e a descoberta de uma maneira peculiar de mimese.

Não mais uma representação de conteúdos da realidade, mas uma imitação da forma daqueles conteúdos que, por ser assim, por intensificar os próprios valores da invenção poética, mais e melhor operavam aquela representação. Era, portanto, preciso ler, simultaneamente, num ato de apreensão vertiginosa, a articulação entre conteúdos e formalização ou, para voltar ao que por último se dizia, ao momento da leitura em que é possível, pela releitura, vislumbrar o intervalo entre o dizer e o fazer que é a obra que se lê.

A Imitação da Forma: Uma Leitura de João Cabral de Melo Neto ficou sendo o título do trabalho resultante de todas as reflexões e análises que foi possível realizar, apresentado como tese de Livre-Docência e, em 1975, publicado como livro.

Aquilo, portanto, que somente em livro publicado em 1990, *A Leitura do Intervalo*, viria a ser explicitado já estava antecipado, como análise textual e pressuposto teórico, desde os meus inícios de leitor e professor nos anos 1960-1970: uma maneira de ler que insistia na tensão dos elementos estruturadores da invenção literária e que, como método, nada oferecia de tranqüilizador porque a sua existência dependia, sobretudo, de um ato pessoal de entrega ao próprio movimento indisciplinado da leitura para, somente depois, retornar criticamente em busca de coerências capazes de elucidar o conhecimento adquirido pela leitura.

Conhecimentos histórico, social, psicológico ou antropológico que não estão antes nem depois da leitura da obra em que são representados pela invenção, mas que constituem elementos indispensáveis de sua interação com o leitor.

III

Para encerrar, vou dar apenas um exemplo de leitura realizada dentro dessa orientação, extraído daquele livro de 1990, em que a validade do conhecimento veiculado pela obra literária está antes no modo pelo qual foi possível articular os possíveis elementos de representação (sejam históricos, sociais, antropológicos ou psicológicos) do que na pura e simples presença ou ausência desses mesmos elementos.

Trata-se de leitura de uma página muito conhecida de Machado de Assis: o capítulo 123, de *Dom Casmurro*, intitulado "Olhos de Ressaca". Ei-la:

> Enfim, chegou a hora da encomendação e da partida. Sancha quis despedir-se do marido, e o desespero daquele lance consternou a todos. Muitos homens choravam também, as mulheres todas. Só Capitu, amparando a viúva, parecia vencer-se a si mesma. Consolava a outra, queria arrancá-la dali. A confusão era geral. No meio dela, Capitu olhou alguns instantes para o cadáver tão fixa, tão apaixonadamente fixa, que não admira que lhe saltassem algumas lágrimas poucas e caladas.
>
> As minhas cessaram logo. Fiquei a ver as dela; Capitu enxugou-as depressa, olhando a furto para a gente que estava na sala. Redobrou de carícias para a amiga, e quis levá-la; mas o cadáver parece que a retinha também. Momento houve em que os olhos de Capitu fitaram o defunto, quais os da viúva, sem o pranto nem palavras desta, mas grandes e abertos, como a vaga do mar lá fora, como se quisesse tragar também o nadador da manhã.

Quando lemos este capítulo, de um livro que termina no capítulo 148, já estamos quase fechando o volume. São as páginas do desenlace que se iniciam com a morte por afogamento de Escobar, as desconfianças do narrador Bentinho que, com a separação de Capitu e do filho, com o isolamento e as reflexões solitárias, vai se transformando no Casmurro que assume a autoria do livro.

No entanto, a imagem mais forte do capítulo, aquela que lhe dá o título, *olhos de ressaca*, embora não explicitada no texto e fonte de toda a desconfiança do narrador, é uma tradução, e tradução estrutural porque contextualizada, daquilo que está num dos capítulos iniciais do romance, o 32, também intitulado "Olhos de Ressaca". Trata-se do encontro entre o narrador e Capitu, ainda crianças, em que Bentinho vai encontrar a menina na sala dos pais, penteando os cabelos, e pede-lhe para ver os olhos. Eis o trecho:

> Tinha-me lembrado a definição que José Dias dera deles, "olhos de cigana oblíqua e dissimulada". Eu não sabia o que era oblíqua, mas dissimulada sabia, e queria ver se

se podiam chamar assim. Capitu deixou-se fitar e examinar. Só me perguntava o que era, se nunca os vira; eu nada achei de extraordinário; a cor e a doçura eram minhas conhecidas. A demora da contemplação creio que lhe deu outra idéia do meu intento; imaginou que era um pretexto para mirá-los mais de perto, com os meus olhos longos, constantes, enfiados neles, e a isto atribuo que entrassem a ficar crescidos, crescidos e sombrios, com tal expressão que...

Retórica dos namorados, dá-me uma comparação exata e poética para dizer o que foram aqueles olhos de Capitu.

Não me acode imagem capaz de dizer, sem quebra da dignidade do estilo, o que eles foram e me fizeram. Olhos de ressaca? Vá, de ressaca. É o que me dá idéia daquela feição nova. Traziam não sei que fluido misterioso e enérgico, uma força que arrastava para dentro, como a vaga que se retira da praia, nos dias de ressaca. Para não ser arrastado, agarrei-me às outras partes vizinhas, às orelhas, aos braços, aos cabelos espalhados pelos ombros; mas tão depressa buscava as pupilas, a onda que saía delas crescendo, cava e escura, ameaçando envolver-me, puxar-me e tragar-me.

Deste modo, toda a magistral intensidade narrativa do capítulo 123, em que a psicologia das emoções e dos afetos encontra, para dizer com T. S. Eliot, o seu "correlato objetivo" na imagem marinha, tradutora da morte de Escobar, interiorizada na percepção dos olhos de Capitu, somente é possibilitada pela leitura do intervalo entre os dois capítulos lidos e relidos.

Aquilo que o capítulo 123 oferece como conhecimento da psicologia do narrador ao leitor é mais do que um conteúdo psicológico. Os procedimentos literários adotados pelo escritor, estabelecendo precisas relações de imagem e sábias escolhas vocabulares, que operam reverberações contínuas de significado, criam o espaço para a intensificação daquela função poética da linguagem, tal como definida por Roman Jakobson, quando então o que é significado narrativo torna-se inteiramente dependente da mais ampla articulação do texto.

Entre os olhos de Capitu e o cadáver de Escobar, a imagem marinha da ressaca é também força de atração capaz de tragar, "como a vaga do mar lá fora", a imaginação do leitor.

Dadas as reverberações e as dependências instauradas no espaço do texto, o conhecimento apreendido pelo leitor é de ordem psicológica mas é mais do que isso.

Como negar, por exemplo, o fato de que é por força da presença dos elementos marinhos contidos na imagem criada no capítulo 32, e depois traduzidos como metáfora no capítulo posterior, que o leitor, por assim dizer, conhece o ambiente, o meio carioca em que se passa o romance?

Mais ainda: pela releitura, é possível perceber como o motivo da morte por afogamento, entrelaçado ao do ciúme que corrói o narrador, já estava insinuado na caracterização "de ressaca" dos olhos de Capitu, "oblíqua e dissimulada" nas artimanhas para fazer Bentinho escapar do seminário, do capítulo 32.

Por tudo isso, o que se quer dizer é que o conhecimento veiculado pelo texto de Machado de Assis, assim como ocorre em todos os textos que suportam a releitura, e mesmo a exigem como condição fundamental de acréscimo, é dependente da própria organização do discurso ficcional, que deve ser percebida e procurada pelo leitor para que ele possa absorver a especificidade daquele conhecimento.

Não é um conhecimento progressivo ou por acumulação: a sua possibilidade está antes na leitura (que sempre exige a releitura) de uma região de intervalo situada entre os conteúdos de representação e sua efetivação artística, vale dizer, para citar Paul Valéry, sua instauração como "linguagem dentro da linguagem".

Como podem ver, uma maneira de ler que tem muito mais de inconclusão e de desvio do que de "caminho para chegar a um fim" e, portanto, um método que não se pode oferecer como escolha tranqüilizadora para outro leitor. É antes um antimétodo.

3

Criação e Crítica Literária*

A LEITURA DE LIVROS de crítica e a experiência, às vezes árdua, do ensino de literatura, acrescida naturalmente pela tarefa semanal da anotação crítica, fazem-me pensar constantemente nos limites entre a crítica e a criação literária. Não sou daqueles que pensam ser este um problema bizantino. Pelo contrário, chego a vê-lo como substância essencial para quem pretenda enfrentar conscientemente a responsabilidade de crítico. Já afirmei aqui mesmo, ou se não afirmei, subscrevi o que já se afirmou, que acredito ser a crítica um gênero literário. Por isso, é para mim muito importante entender esta atividade como estreitamente relacionada com a operação transformadora da linguagem. Mas, veja-se bem, quando se diz transformadora nem sempre se está a dizer mistificadora. A transformação aí usada tem uma referência direta com uma possível intensificação da realidade por meio da expressão verbal que é, quando menos, um trabalho de criação. Análise e juízo de valor são termos de uma atividade que se torna legítima na medida em que a sua expressão corresponde a um acréscimo de visão daquilo que se analisa ou se julga. É, então, verdadeiramente importante que o crítico seja um escritor, isto é, alguém cuja personalidade se desdobra através de suas análises e julgamentos em um tempo de procura, de investigação, de identificações, de harmonias e

* Texto publicado no "Suplemento Literário", *Jornal do Commercio*, Recife, 15.12.1963.

desarmonias que marcam a sua presença. O conteúdo de verdade de um trabalho crítico tem que ser sempre apurado de acordo com uma certa dose de ceticismo, de tal maneira que sobre ele trabalha a ação relativa dos esquemas. Desde os teóricos aos históricos. Sobre as palavras pronunciadas como definitivas por um crítico hão de pesar sempre as variações da confirmação histórica. Sem ser um profeta propriamente, a sua atividade possui também o aleatório das profecias, o incerto das decisões históricas. Por mais que o evite, persegue-o a visão do risco, da aventura. Dentro de um círculo cerrado, a sua delícia reside aí mesmo: o que já se chamou de "aventura do espírito entre os livros". Ou a determinação daquele "vínculo espiritual" requerido por Goethe. Permanecer aí, entretanto, seria negar-se: o campo é o da afirmação decidida. Estabelecem-se relações, constroem-se axiomas, elaboram-se teorias. Mas tudo isso só ganha sentido quando sofre a manipulação indispensável da expressão coerente, arremessando o leitor para os planos mais íntimos da reflexão. Ou tudo não será mais do que simples constatação. Descrição de qualquer modo estatística. E, na verdade, o que pereniza o trabalho crítico é justamente o que nele há de menos estatístico: uma personalidade que encontra, por entre os veios de uma outra expressão, os caminhos da afirmação, as diretrizes de uma descoberta. Não se trata de obra feita por empréstimo, parasitária, mas de trabalho inovador desde que foi possível encontrar caminhos esquecidos, apontar trilhas desapercebidas. Acho que se fosse possível escrever um ensaio sobre as misérias e grandezas da crítica, o centro das primeiras estaria exatamente na dificuldade em manter esse difícil, mas fértil, mundo de inovação através do trabalho reflexivo. Como é claro, as segundas estariam precisamente marcadas pelo encontro raro entre o julgamento e a capacidade de incorporação de tudo aquilo que identifica o autor. Exatamente por isso, a verdadeira crítica, isto é, aquela que continua a operar através de numerosos juízos sobre uma dada obra, possui sempre o seu conteúdo, por assim dizer, memorialístico. É fundamentalmente a história de uma leitura, de um encontro entre leitor e obra, embora elevados pelo pensamento e pela erudição. Eis aí porque falo do crítico como escritor e da crítica como literatura: uma maneira de ser por meio da linguagem.

Estas mesmas reflexões me foram sugeridas pela leitura de dois autores muito diferentes cujos ensaios abordam precisamente aspectos diversos (por serem outras as intenções) deste problema. Diferentes não apenas nos métodos e orientações mas, sobretudo, no tempo. Além de pertencerem a grupos culturais radicalmente distintos. O primeiro é René Wellek, professor da Yale University, e considerado como um dos principais críticos atuais em língua inglesa, um dos formuladores da "American New Criticism" – cuja recente obra, *Concepts of Criticism*, publicada pela Yale University Press, traz inúmeras sugestões para uma discussão do problema, dispersas por entre ensaios de crítica principalmente histórica ou erudita. Obra esta para a qual quero reservar um espaço maior em possível artigo futuro, limitando-me aqui a chamar a atenção para alguns trechos que interessem ao problema que me propus.

O outro autor é Fidelino de Figueiredo, conhecido no Brasil principalmente pela sua *História da Literatura Portuguesa*, embora não me pareça ser a obra capaz de melhor definir-lhe o espírito. Trata-se exatamente de um dos volumes de seus *Estudos de Literatura*, provavelmente pouco conhecido, e que traz um ensaio cujo título é o mesmo deste artigo.

Mais precisamente, o ensaio referido encontra-se na segunda série dos *Estudos de Literatura* que corresponde a artigos vários escritos em 1917. É, como o próprio autor esclarece, uma espécie de adendo à obra *Crítica Literária como Ciência*, publicada em 1911.

Em primeiro lugar, quero referir algumas afirmações de Wellek que me parecem importantes para pôr o problema das relações entre a criação e a crítica literária. Afirmações estas que, embora espalhadas por todo o livro, se encontram principalmente em dois ensaios: "Literary Theory", "Criticism and History" e "The Crisis of Comparative Literature".

No primeiro, partindo de postulados já assentados por ele e por Austin Warren na obra que escreveram em conjunto – *Theory of Literature* –, defende Wellek a colaboração entre três disciplinas que lhe parecem distintas: Teoria Literária, Crítica e História. "Elas se imbricam tão intimamente que torna inconcebível teoria literária sem crítica ou história, ou crítica sem teoria ou história ou história sem teoria e crítica" (p. 1). Partindo desta afirmação, passa a estudar os diversos campos do estudo literário, chegando a considerar o problema das relações entre a crítica e a criação literária no seguinte trecho:

> Não acredito que o crítico é um artista ou que a crítica é uma arte (no sentido moderno estrito). Seu objetivo é o conhecimento intelectual. Não cria um mundo de ficção imaginativa tal como o mundo da música ou da poesia. A crítica é o conhecimento conceitual, ou aspira a tal conhecimento. No final, almeja o conhecimento sistemático da literatura, a teoria literária (p. 4).

Por outro lado, no segundo ensaio mencionado, depois de estabelecer as causas daquilo que lhe parece ser responsável pelo crescente descrédito da Literatura Comparada, procura definir-lhe os objetivos, afirmando:

> Não deve ser um cientificismo neutro, um indiferente relativismo e historicismo, mas uma confrontação com os objetos na sua essência: uma desapaixonada porém intensa contemplação com a qual surgem as análises e finalmente os julgamentos de valor. Desde que se apanhe a natureza da arte e da poesia, sua vitória sobre a morte e o destino, sua criação de um novo mundo da imaginação, as vaidades nacionais desaparecerão. O homem, o homem universal, o homem de qualquer lugar e tempo, em toda a sua variedade, emerge e a erudição literária deixa de ser um museu, um cálculo de crédito e débitos nacionais e mesmo um mapa de relações e originalidades. A erudição literária transforma-se em um ato da imaginação, como a própria arte, e verdadeiramente uma preservadora e criadora dos mais altos valores da mente humana (p. 295).

Aí estão dois textos de um mesmo livro aparentemente antagônicos. Na verdade, lidos de modo ligeiro, parecem indicar uma enorme contradição. No primeiro, com o propósito evidente de libertar a crítica de uma passividade, tem-se a afirmação de seu caráter sobretudo conceitual. No segundo, entretanto, procurando livrar os estudos de Literatura Comparada do excesso estatístico esterilizante, Wellek chega a afirmar ser a erudição literária "um ato da imaginação". Como explicar isso? Deveremos acreditar em um espírito de formação filosófica como a do crítico tcheco?

Estas dúvidas poderão ser liquidadas pela leitura mais atenta de ambos os textos. Observe-se como, no primeiro, o crítico fala sempre em *objetivo* da crítica e não em seu funcionamento. Não se trata ali, evidentemente, de estabelecer os veículos de percepção crítica, mas de definir o seu campo específico, isto é, a compreensão racional da obra literária. Como, por outro lado, no segundo, a preocupação de Wellek não se refere mais a um objetivo interior da crítica, mas a uma forma de atividade do espírito do homem, isto é, atividade também criadora que impulsiona e persegue um conhecimento sistemático de uma arte. Sendo assim, desaparece a aparente e estranha contradição. O objetivo da crítica é, na verdade, uma forma de conhecimento, mas uma forma que, por ser tal, só se atinge por aquele "ato de imaginação" por Wellek referido. Quer isto dizer, então, que, ao exercitar a crítica, o escritor não se propõe a criação de uma obra de arte, como um poema, uma novela, mas um esforço de compreensão que será maior na medida em que a sua atividade coincidir com a própria essência da obra, do autor ou do problema que ele procura entender. Mas como aquilo que se lhe oferece é, sobretudo, uma peça de linguagem, a participação só se revela integral por sua capacidade em utilizar também o meio de comunicação que lhe é específico. Em síntese, é primeiramente como escritor que o crítico revigora o seu estudo analítico. E o revigora criando dimensões que poderão ser desconhecidas do próprio autor analisado, sem deixarem de ser decorrentes da obra.

Aliás, é precisamente esta a idéia central do ensaio de Fidelino que, em primeiro lugar, me sugeriu este artigo. Sugestão que teve dois móveis principais: de um lado, a própria idéia ou tema do ensaio e, de outro, o fato de me revelar uma outra dimensão do crítico português que já estimava como crítico erudito, embora não me convencesse como historiador da *História da Literatura Portuguesa*, isto é, como autor de obra de síntese.

Ante de mais nada, chamo a atenção do leitor para o fato de como ocorre com Wellek aqui registrar-se, mais uma vez, a polaridade essencial da crítica. Como já ficou dito, o ensaio de Fidelino é uma espécie de complementação de sua *Crítica Literária como Ciência*, isto é, uma forma de evitar a unilateralidade mentirosa que poderia sugerir a obra de 1911.

E logo de início Fidelino procura explicar a leitura de sua obra anterior:

Então desejávamos reabilitar esta disciplina (a crítica), já não tão cultivada praticamente e também tão discutida teoricamente, perante aqueles espíritos objetivos, que só acatam as conclusões dos métodos positivos, e particularmente em nós próprios desejamos poder enraizar a convicção que o objeto dos nossos estudos não era campo aberto por onde a fantasia vagueasse a solta (p. 173).

Assim explicada a origem da obra de 1911, Fidelino estabelece os motivos essenciais que o levaram à composição deste ensaio:

Hoje o mesmo sentimento nos leva a procurar aproximadamente medir a quantia de criação original que o trabalho crítico pode comportar. Não se trata de com nova interrogação fazer simetria à primeira, de fazer corresponder à primeira – que há de científico na crítica literária? – a segunda – que há de artístico na crítica literária? Falando de criação, não damos a esta o significado de ressurreição artística, mas o mais amplo de inovação. [...]. Ora, esta criação é que nós plenamente cremos que pode existir, e repetidamente tem existido na crítica literária, quando a cultivam espíritos de eleição, ricos do dom excepcional de saber não só examinar e apreciar obras de arte, mas também em toda parte sabendo discernir a beleza da rudeza e prontamente sabendo surpreender todas as correntes intelectuais com uma especial intuição da consciência individual e coletiva (pp. 173-174).

Desta maneira, entendendo assim a crítica como criação no sentido de inovação, Fidelino procura demonstrar os seus argumentos através do estudo das obras e da posição literária de alguns críticos como Boileau, Herder, Bielinsky, Sainte-Beuve e De Sanctis.

De cada um destes cinco críticos, vai Fidelino mostrando os méritos inovadores, perguntando sempre, em forma de estribilho: "Isto posto, perguntamos: não foi fulano um alto espírito criador?" Ou, ainda, "fazer tal construção teórica não é obra de criação?" Ou, mais uma vez, "não será esta perene atualidade obra de criação?" Para, como conclusão, afirmar de modo categórico: A "crítica assim praticada não envelhece, não caduca com os progressos da erudição, porque lhe atribui um viço permanente a originalidade do espírito que a praticou" (p. 200).

Vê-se, deste modo, que o método adotado por Fidelino para estudar as relações entre a crítica e a criação literária é o mesmo para sustentar a tese de sua obra de 1911: um certo dar-de-mãos com o positivismo, com o cientificismo, tentando provar a criatividade da crítica pelos méritos da inovação do sistema. É a procura do estofo criador que existe até mesmo nas ciências. Ou aquela "linguagem simbólica", referida por Cassirer ou Langer. A que apenas acrescentaríamos, como essencial, aquele "ato da imaginação" do *scholar* Wellek. E, com isto, fechamos o círculo das sugestões de uma leitura simultânea.

4

Uma Biografia Implacável

Apesar de todos os atrasos editoriais costumeiros, às vezes o leitor brasileiro tem sorte.

Foi o caso, por exemplo, da publicação, em meados dos anos 1990, pela Imago, dos dois volumes de contos escritos por Bruno Schulz (1892-1942), *Lojas de Canela* e *Sanatório*, editados na Polônia em 1933 e 1937, respectivamente, e aqui publicados na ordem inversa: o segundo em 1994 e o primeiro em 1996, ambos traduzidos, com prefácio, posfácio e notas, por Henryk Siewierski.

Foi um acontecimento editorial a que, como de hábito por aqui, não se deu muita importância.

Era a publicação, na verdade, da obra mais visível do autor de família judaica, nascido na cidade provincial de Drohobycz, na então Galícia, parte do Império Austro-Húngaro, hoje no lado ocidental da Ucrânia, pois, além de um volume contendo parte de sua importante obra de artista plástico e, sobretudo, gráfico, *O Livro da Idolatria*, e de contos e resenhas críticas em revistas literárias, escreveu apenas mais uma obra, *O Messias*, romance que ficou inédito e que desapareceu por entre os destroços da Segunda Guerra Mundial.

E desapareceu tão completamente que até hoje serve como motivo para verdadeiras caçadas de pesquisadores da vida e da obra de Schulz, ou mesmo para criações ficcionais, como acontece com o belo e intrigante romance de Cynthia Osick, *The Messiah of Stockholm*, infelizmente ainda não traduzido no Brasil.

Pela leitura dos contos, quase sempre situados em regiões penumbrosas da infância e da adolescência de um narrador que, ao contrário do de Proust, não se deleita na memória, percebe-se como a ficção de Schulz, neste sentido antes revelando semelhanças com Kafka, traduz o dilaceramento não só do narrador, na representação de desajustes psicológicos e sociais, mas da própria região da Europa Central onde nasceu e viveu, como que antecipando aquilo que ocorrerá logo depois com as ocupações russa e alemã de sua cidade natal.

São contos, por isso, em que se respira uma atmosfera abafada, em que personagens e situações parecem sempre condenados a uma existência de repetição, como se o futuro sem horizontes já estivesse inscrito no presente amordaçado pelas garras de um passado de que é impossível se libertar.

Tudo isso ainda mais acentuado pelos contrastes de momentos de claridade e de alegria com que a imaginação de Schulz sabe, num toque de genialidade, recriar a comunhão com a natureza de personagens que parecem irreversivelmente condenados ao sofrimento.

Contrastes conquistados através de uma rede bem tecida de metáforas que concretizam, para o leitor, toda a ambiência simbólica, elusiva e, muitas vezes, rarefeita de seus conflitos narrativos. Ou, como diz Michael Hofmann em resenha publicada em *The New York Book Review*:

> [...] não é uma narrativa padrão, mas uma prosa que está muito mais próxima da poesia em sua imprevisível recepção. Não é sólida mas líquida: à margem e expansiva, luxuriosamente atenta, fértil, fantasiosa, capaz de sagaz e contínua anamorfose.

Daí, sem dúvida, o fascínio exercido por sua figura de judeu empobrecido (o pai, que morreu quando ele era ainda uma criança, havia sido um próspero comerciante em Drohobycz), professor de artes e desenho em pequenas escolas de sua cidade natal, buscando sempre, e quase nunca encontrando, um tempo para o exercício da literatura, com enormes dificuldades para ter publicadas as suas duas antologias de contos e morrendo abatido em plena rua por disparos de um chefe da polícia nazista.

É esse fascínio que vem alimentando há meio século as pesquisas sobre Schulz do poeta, ensaísta e tradutor polonês Jerzy Ficowski, autor de uma biografia exemplar sobre o autor, intitulada *Regions of the Great Heresy: Bruno Schulz: A Biographical Portrait*, publicada recentemente pela W. W. Norton de New York e que acabo de ler.

Tal exemplaridade é sintetizada pela mencionada Cynthia Osick na primeira orelha do livro. Diz ela:

> A apaixonada busca de Jerzy Ficowski dos elusivos traços de Bruno Schulz tornou-se quase tanto lendária quanto o próprio Schulz. Com o término da investigação de meio século de Ficowski, o mito schulziano é finalmente acrescido pela turbulenta e tocante história de Schulz. A intimidade dedicada e crucial de Ficowski com a reticente vida de Schulz ilumina – indispensavelmente – as fontes de um gênio que os demônios do século vinte destruíram, embora a obra, ano a ano, se torne mais e mais imperativa: uma espécie de código de DNA para a linguagem secreta da imaginação.

É, sem dúvida, essa intimidade com a vida, e eu acrescentaria a obra, do autor, anotada por Osick, que dá ao livro de Ficowski o vigor de uma narrativa em que os elementos de construção são entrelaçados de modo sólido e consistente em treze capítulos ricos de informação e análise.

Movido por uma admiração por Schulz que data de seus dezoito anos, tendo mesmo escrito uma carta de entusiasmada admiração pelo escritor em 1942, ano de seu assassinato, e não se sabe se por ele recebida, Ficowski cava fundo naquilo que restou do autor, sejam os textos publicados, aqueles preparados para publicação e apenas revelados na correspondência com amigos (de que há, no livro, alguns exemplos enriquecedores), sejam as obras visuais deixadas e organizadas por ele, sejam aquelas desaparecidas mas de existência comprovada (aqui, o caso mais famoso é o do mural pintado por Schulz e surrupiado por museu de Jerusalém e somente redescoberto em 2001).

Trata-se, enfim, de uma biografia que é também uma espécie de autobiografia do biógrafo, de tal maneira a sua vida esteve e está ligada ao do biografado. O que, entretanto, não significa, de nenhuma maneira, complacência por parte dele.

Pelo contrário, os dados estão sempre alicerçados pelo pungente desejo de desfazer equívocos ou mitificações que uma existência como a de Schulz poderiam propiciar.

Por isso mesmo, é de uma extrema beleza a correção com que Ficowski busca elucidar pontos obscuros da trajetória de seu herói, sobressaindo a narração de suas pesquisas no sentido de esclarecer o mistério acerca do desaparecido *Messias* ou mesmo a descoberta de uma ou outra carta que restou em mãos de correspondentes ainda vivos.

No que diz respeito à correspondência de Schulz, há um elemento sugerido por Ficowski de importância para uma avaliação do escritor e que, creio, tem passado despercebido a seus melhores leitores.

Refiro-me à hipótese de cunho teórico levantada pelo biógrafo de que as cartas serviram ao escritor, desde que tinha dificuldades quase intransponíveis de publicar os seus textos, como maneira de, através de diálogos com interlocutores privilegiados, dá um mínimo de publicidade a suas secretas criações ficcionais.

Neste sentido, é mais do que uma biografia exemplar.

Consegue ser, não obstante a grande e ostensiva admiração do biógrafo pelo biografado, uma biografia implacável, em que todos os aspectos da vida do escritor são passados pelo crivo crítico capaz de afastar as armadilhas e os perigos de uma ingênua hagiografia.

5

❖

Uma Despedida dos Livros*

George Gissing (1857-1903) foi um autor inglês de numerosos romances, contos e ensaios, desfrutando de uma enorme popularidade em seu tempo.

Praticou uma literatura que, na esteira de um Dickens, por exemplo, buscava a representação literária da gente londrina sofredora, não se limitando, todavia, aos despossuídos, mas incluindo a camada intelectual e a classe média endinheirada.

Não era um grande escritor como aquele, mas sabia comover o seu público imediato e, talvez por isso, depois de sua morte teve que suportar um esquecimento que durou, pelo menos, até os anos 1960, quando foi redescoberto por aqueles leitores interessados numa literatura que incorporava problemas de criação, difusão e consumo da ficção pela sociedade de fins do século XIX. Uma literatura metalingüística e, ao mesmo tempo, deixando passar questões de uma rarefeita sociologia da literatura.

Exemplo maior disso, em sua obra, é o romance (que, na edição original, constava de três volumes) intitulado *New Grub Street*, em que o protagonista, Edwin Reardon, é um romancista que, tendo alcançado algum sucesso de público com uma obra que ele sabia mal realizada mas que conseguira atingir um determinado público, vive entre os tormentos de um casamento desajustado e a aspiração difícil em realizar algo de real valor literário.

* Publicado na *Gazeta Mercantil* em 11.4.2003.

Há evidentes traços autobiográficos na construção do personagem, o que, no demais, como já se tem observado, é uma característica forte dos romances de Gissing.

Como seu personagem, Gissing era um homem de boa índole e boas intenções, mas estas, como se sabe, não são suficientes para formar um grande escritor.

Trabalhou duro para isso, isolando-se de tudo e de todos, mas, como observou Virginia Woolf no arguto ensaio que escreveu sobre Gissing,

> [...] antes que pudesse atingir o ponto que buscava no mapa do pensamento, ele, que partilhou tantas experiências de seus personagens, partilhou também a morte que emprestou a Edwin Reardon. "Paciência, paciência", disse ele ao amigo que ficou com ele enquanto morria – um romancista imperfeito, mas um homem altamente educado.

Antes disso, no entanto, sob a pressão das dificuldades econômicas e de um discurso sempre pessimista da mulher, o personagem vê-se obrigado a se desfazer de alguns de seus livros para que pudesse arranjar algum dinheiro e pagar dívidas.

A leitura arquivada que transcrevo abaixo revela o momento seguinte à venda dos livros que traduzo e cito pela edição Wordsworth Classics, de 1966:

> Reardon olhou os vazios deixados em suas estantes. Muitos desses volumes desaparecidos eram queridos, velhos amigos dele; poderia dizer onde os encontrara e quando; abri-los lembrava um momento passado de crescimento intelectual, uma atmosfera de esperança ou de depressão, um cenário de luta. Em muitos, escrevera seu nome e havia freqüentemente notas a lápis nas margens. Certamente, havia escolhido dentre os mais valiosos que possuía; um número tão grande deveria também ter sido vendido para somar duas libras e dez. Você sabe, livros são baratos. Se necessário, pode-se comprar um Homero por quatro pence, um Sófocles por seis. Não fora lixo o que ele tinha acumulado por tão pouco mas a biblioteca de um estudante pobre – encadernações machucadas, páginas descoloridas, edições ultrapassadas.

São três partes bem distintas que estruturam o texto.

Por um lado, é o registro da relação de afetividade e de memória que dirige a evocação dos livros que foram perdidos, deixando apenas o vazio nas estantes, e que constitui um tópico tradicional, qual seja, o da amizade pelos livros e de sua importância na formação da personalidade.

Por outro, é a aceitação, ainda que tingida de melancolia, do valor do livro como mercadoria que passa a existir independentemente daquela relação estabelecida na primeira parte.

A objetividade com que se afirma este segundo valor (sobretudo o número de livros e o preço de sua venda) ganha, por assim dizer, uma tonalidade irônica e mesmo cruel com vistas àquela afetividade e à memória de sua importância assentadas na primeira parte.

Enfim, a terceira parte, e que corresponde ao último período do texto, revela expressamente a condição social das origens do personagem, por onde o estado dos livros – "encadernações machucadas, páginas descoloridas, edições ultrapassadas" – ao mesmo tempo que aponta para a razão maior de sua desvalorização enquanto mercadoria, ainda mais acentua os motivos da relação sentimental da primeira parte.

Entre o amor aos livros e sua aceitação resignada como mercadoria, o texto de Gissing, ainda que não intencionalmente, e isto jamais saberemos, mimetiza, por sua própria construção, o problema central da existência de Edwin Reardon, acuado entre a paixão pela literatura e a certeza cruel de que esta paixão, não sendo um valor de troca, corre o risco de ceder às regras do mercado.

É esta íntima relação entre autor e personagem, em que há até mesmo uma convocação ao leitor (que está na frase "você sabe, livros são baratos"), que empresta ao texto de Gissing todo o ar de intimidade com o qual, certamente, ele sabia seduzir os seus leitores da época.

Mais, portanto, do que ser uma discussão geral sobre o valor dos livros, o texto transcrito aponta para um aspecto da técnica narrativa do romancista que ilumina toda a sua novelística, como bem observou Virginia Woolf no ensaio já mencionado. Diz ela:

> Conhecemos, na verdade, Gissing como não conhecemos Hardy ou George Eliot. Ali onde o grande romancista desliza para dentro e para fora de seus personagens e banha-os num elemento que parece ser comum a todos nós, Gissing permanece solitário, autocentrado, à parte. Ele é uma dessas luzes cortantes para além de cujos limites tudo é vaporoso e fantasmático. Porém misturado a esta cortante luz existe um raio

de penetração singular. Com toda a sua estreiteza de visão e pobreza de sensibilidade, Gissing é um dos romancistas extremamente raros que acredita no poder da mente, que faz seu público pensar.

Desta maneira, o apelo ao leitor, parecendo apenas uma superficial convocação à partilha da experiência, é mais do que isso: é também um modo de fazer da ficção um mecanismo de convencimento, de argumentação, sem o risco de cair no exagero didático do romance de tese.

Gissing, na verdade, transformava o seu campo de ação ficcional numa tribuna de reflexões sobre o seu tempo, embora, por isso mesmo, a arquitetura de seus romances fosse erigida sobre um desenho defeituoso.

É mais um exemplo, e magnífico, de rebaixamento da literatura por força de uma incapacidade para romper a duplicidade entre o imaginário da ficção e a realidade mais forte do que ela, sem que ocorra a recomposição simbólica, ou mesmo alegórica, como queria Walter Benjamin, dos destroços, fragmentos da percepção e da experiência que somente um firme desenho do imaginário pode operar.

No caso de Gissing, pelo que se pode ler da nota arquivada acoplada à sua novelística, os livros e a biografia não conseguem atingir uma unicidade, que somente ela poderia pular o fosso da "estreiteza de visão e pobreza de sensibilidade", anotadas por Virginia Woolf.

I I

I

João Cabral: *Museu de Tudo e Depois**

I

Aquilo que João Cabral escreveu depois de *A Educação pela Pedra*, e que passa a ser o tema deste ensaio, é o que está no título da antologia do poeta publicada em 1988 pela Editora Nova Fronteira, correspondendo ao que se chamou então de segundo volume de suas obras completas, antes da publicação, pela mesma editora, da *Obra Completa*, num volume único, em 1994. O primeiro volume corresponderia àquilo escrito desde *Pedra do Sono*, de 1942, até *A Educação pela Pedra*, de 1967.

O volume de 1988 trazia quatro livros, além daquele que intitula o conjunto, de 1975, por ordem cronológica invertida de seu aparecimento, como prefere o poeta: *Crime na Calle Relator*, 1987, *Agrestes*, 1985, *Auto do Frade*, 1984, e *A Escola das Facas*, 1980. A que se tem de acrescentar, para que o *depois* do título esteja correto, o último volume original publicado em vida do autor: *Sevilha Andando,* 1989.

(Diga-se, entre parêntese, que, em 1997, depois, portanto, da *Obra Completa*, a obra do poeta foi novamente reunida em dois volumes, pela mesma editora, intitulados *Serial e Antes* e *A Educação pela Pedra e Depois*.)

---

* Publicado na revista *Colóquio: Letras*, Lisboa, Fundação Calouste Gulbenkian, n. 157-158, 2000.

Se tivermos presente que *A Educação pela Pedra* reunia textos escritos entre 1962 e 1965 e que *Museu de Tudo*, sua obra seguinte, era constituída de poemas escritos entre 1966 e 1974, há, na verdade, um lapso temporal de nove anos na composição das duas obras, embora seja apenas de oito no que se refere à publicação (1967 e 1975, respectivamente).

De qualquer modo, foi, certamente, o maior intervalo entre duas obras de João Cabral, o que, a meu ver, aponta para um momento importante de sua evolução: aquele em que, aparentemente, abandona o estrito planejamento de sua poética, tal como ela fora compendiada em suas *Poesias Completas (1940-1965)*, publicadas, em 1968, pela Editora Sabiá.

Neste sentido, hoje é possível, com a morte do poeta em 1999, dizer que a poesia de João Cabral corresponde a dois conjuntos de textos: aqueles incluídos no livro de 1968 e aqueles, vinte anos depois, coletados em *Museu de Tudo e Depois* ou, para não deixar de fora sua última obra, *Sevilha Andando*, como já se assinalou, em *A Educação pela Pedra e Depois*, de 1997.

O primeiro conjunto, cuja leitura já realizei em livro publicado em 1975[1], correspondendo às treze obras editadas entre 1942 e 1967, se caracterizaria por uma severa obediência a um projeto poético que, se iniciando por uma poesia ainda marcada por traços surrealistas, mas já se afirmando em alguns processos construtivistas, se encaminha cada vez mais para uma dicção meditativa e, por isso, metalingüística, sobretudo na segunda metade dos anos 1940, para se ampliar no social e no histórico dos anos 1950, sem perda de um intenso controle da máquina do poema que vai se intensificar nas obras publicadas nos anos 1960. É, por assim dizer, um conjunto de grande tensão entre forma e nomeação social ou histórica que busquei, naquele livro mencionado, definir como uma maneira singular e muito própria de exercer o princípio fundamental da imitação poética. Uma imitação antes da forma do que de significados da realidade, por onde esta é apanhada no seu próprio processo de *formação*, permitindo ao poeta a sua nomeação sem que se desfaça daqueles

---

1. Cf. *A Imitação da Forma: Uma Leitura de João Cabral de Melo Neto*, São Paulo, Livraria Duas Cidades, 1975.

instrumentos essenciais da composição poética que envolvem as tensões básicas entre significados e significantes.

O segundo conjunto de textos, aquele representado pelos seis livros editados entre 1975 e 1989, tem parecido a alguns resenhadores ligeiros da obra de João Cabral uma mudança radical de rota por parte do poeta: dos livros rigorosamente projetados do primeiro conjunto para a casualidade ou a informalidade dos livros do segundo conjunto, em que não se percebe, ou não se quer perceber, uma mais nítida ou equivalente organização.

Talvez guiados por uma leitura excessivamente literal do primeiro poema de *Museu de Tudo*,

> Este museu de tudo é museu
> como qualquer outro reunido;
> como museu, tanto pode ser
> caixão de lixo ou arquivo.
> Assim, não chega ao vertebrado
> que deve entranhar qualquer livro:
> é depósito do que aí está,
> se fez sem risca ou risco,

tais resenhadores costumam confundir afirmações, por assim dizer, ficcionalizadas pela própria criação poética, como estas que estão no poema transcrito, com roteiros pessoais de construção estabelecidos pelo poeta, deixando passar a oportunidade de notar que, se, de fato, não existe neste conjunto o mesmo tipo de projeto com que foi elaborado o primeiro, onde se tratava, como procurei registrar naquele livro sobre o poeta já referido, de ganhar o controle da linguagem da poesia pela afirmação de uma poesia da linguagem (temas dos dois últimos capítulos daquele livro), não significa perda de rigor ou abandono de uma busca pelo controle do poema (frise-se: *busca*, e não completo domínio) que, como se verá, comparece como marca indelével de todos os livros que fazem parte deste conjunto.

Trata-se, isto sim, de um outro tipo de projeto cujas características devem ser delineadas e mesmo percebidas como acrescentamento à obra por inteiro de João Cabral. É o que se procurará fazer em seguida.

II

Museu de Tudo, conjunto de oitenta curtos poemas (quase todos cabendo numa página, frente e verso) foi o único livro do poeta publicado nos anos 1970. E como seguia de imediato ao conjunto de obras que se encerrara com a *A Educação pela Pedra*, logo foi tido como pausa no rigor e na complexidade com que estabelecera os parâmetros de sua poesia.

Se ali era facilmente reconhecível um projeto que possibilitava a leitura dos mais diversos poemas como conjuntos intercambiáveis em que as repetidas variações davam aos livros um traçado visível e de cunho arquitetônico, aqui, no livro de 1975, tudo parecia casual, sem que houvesse entre os poemas alguma coisa por onde se pudesse ler aquele "vertebrado" que o próprio João Cabral, no primeiro poema do livro, exigia como entranhando qualquer livro.

Sem desconsiderar a possibilidade de uma leitura nesta direção, mesmo porque a poesia não está no projeto que se tenha explícito, mas no concreto de cada poema, creio que é possível uma outra leitura: aquela que veja no "invertebrado" do livro uma passagem, e não uma defasagem, acentue-se, do lúcido ao lúdico, em que este último parece ser dominante, conquistada a dura e difícil tarefa da lucidez poética. Ou ainda, para retomar os termos do primeiro poema citado, se não há lugar para a "risca", o "risco", exatamente por se tratar de poesia, não desaparece, embora surja atenuado.

De fato, ao optar pelo *museu*, o poeta acentua uma das faces de sua poética: cumprida *à risca* a sua aprendizagem, é possível, e só então é possível, acolher aquilo que não parece agora oferecer *risco*. Uma vez relaxada a atenção de um projeto rigoroso, aprendidas as lições da realidade pelo seu contínuo tomar-forma, pode-se passear pelos textos como se passeia pelos objetos de um museu.

Por isso mesmo, é inegável a maior variedade que existe neste livro, se comparado com obras anteriores. O que, por outro lado, exige do leitor um paciente acercar-se dos poemas isolados, lê-los, a cada um, em sua inteireza e ir compondo a imagem mais completa que termina por se impor da poética agora proposta.

Cidades (brasileiras ou européias), artistas plásticos, futebol, aspirina, escritores, meditações sobre o tempo, as formas de ser, a função da poesia e dos poetas, tudo passa a compor a escala universal de um poeta que faz do escrever o ato de presentificação essencial.

É como se à régua e ao compasso que acompanhara o criador do conjunto de obras anteriores, aquele que rotinizara um aprendizado estrito de composição, agora se acoplasse uma espécie de caderno de anotações em que o importante fosse aquilo que o mexicano Octavio Paz chamou de "consagração do instante".

Registros de uma experiência para sempre marcada pelo exercício poético, freqüentemente tematizado, como está em "Retrato de Poeta", em "Díptico", em "O Artista Inconfessável", em "Catecismo de Berceo", em "Resposta a Vinícius de Moraes", em "Duplo Díptico", em "A Quevedo", em "Rilke nos *Novos Poemas*", em "Anti-Char", em "Lendo Provas de um Poema", em "Paráfrase de Reverdy", em "O Silêncio de Racine", em "O Autógrafo", em "Fábula de Rafael Alberti", em "Proust e seu Livro", em "Exceção: Bernanos, que se Dizia Escritor de Sala de Jantar", para somente enumerar os mais decididamente referidos àquele exercício. E é em algumas dessas tematizações que é possível reencontrar o poeta que assumia, em textos anteriores, posições contrárias às facilidades muitas vezes defendidas por poetas de sua própria geração.

Assim o autor da *Antiode*, dos anos 1940, ressurge, até mesmo mais satírico e cáustico, em "Retrato de Poeta":

O poeta de que contou Burgess,
que só escrevia na latrina,
quando sua obra lhe saía
por debaixo como por cima,
volta sempre à lembrança
quando em frente à poesia
meditabunda que
se quer filosofia,
mas que sem a coragem e o rigor,
de ser uma ou outra, joga e hesita,
ou não hesita e apenas joga
com o fácil, como vigarista.

Pois tal meditabúndia
certo há de ser escrita
a partir de latrinas
e diarréias propícias.

Ou como no admirável poema de autodefinição oferecido como "Resposta a Vinícius de Moraes" que havia chamado o poeta de *camarada diamante:*

Não sou um diamante nato
nem consegui cristalizá-lo:
se ele te surge no que faço
será um diamante opaco
de quem por incapaz do vago
quer de toda forma evitá-lo,
senão com o melhor, o claro,
do diamante, com o impacto:
com a pedra, a aresta, com o aço
do diamante industrial, barato,
que incapaz de ser cristal raro
vale pelo que tem de cacto,

em que os traços de uma poética de contundência, de secura e de míngua, fundamentais para a realização daquela espécie de fenomenologia da miséria regional de que se encarregara os seus poemas pertencentes ao "tríptico do rio" dos anos 1950 (*O Cão sem Plumas*, *O Rio* e *Vida e Morte Severina*), são reafirmados em oposição a diamante: opaco, claro, impacto, pedra, aresta, aço, barato, cacto.

Deste modo, a variedade e a aparente casualidade que reúne os poemas deste livro não é sinônimo de perda de lucidez, mas de ganho complementar que se expressa precisamente pelas variações lúdicas em torno de algumas de suas obsessões ou idéias fixas.

É o caso, por exemplo, do problema da comunicação poética (assunto dos dois mais importantes textos em prosa que escreveu sobre a poesia: "Poesia e Composição", de 1952, e "Da Função Moderna da Poesia", de 1954[2]) que é retomado de maneira exemplar naquele poema que, talvez, seja a vértebra deste livro "invertebrado". Refiro-me a "O Artista Inconfessável":

Fazer o que seja é inútil.
Não fazer nada é inútil.
Mas entre fazer e não fazer
Mais vale o inútil do fazer.
Mas não, fazer para esquecer
que é inútil: nunca o esquecer.
Mas fazer o inútil sabendo
que ele é inútil, e bem sabendo
que é inútil e que seu sentido
não será sequer pressentido,
fazer: porque ele é mais difícil
do que não fazer, e difícil-
mente se poderá dizer
com mais desdém, ou então dizer
mais direto ao leitor Ninguém
que o feito o foi para ninguém.

Explicita-se o elemento lúdico essencial e o modo de sua recepção pelo poeta: a "inutilidade" do fazer é percebida sob o crivo da dificuldade. Ou: entre o fácil e o difícil, a "inutilidade" da poesia ainda se impõe como alternativa, desde que seja sob o controle da consciência.

Por isso mesmo, é possível abrir o leque da poesia: os objetos daí resultantes, os poemas pelos quais se passeia neste "museu", somente serão "inúteis" para quem sabe a distância entre o "fácil" silêncio do não-fazer e a "difícil" expressão que é o fazer.

No fim, está o leitor – imagem difusa através da qual se completa o circuito da comunicação poética – que, embora nomeado como "Ninguém", ainda assim atua como possibilidade de realização daquele circuito.

Sem o leitor, embora "ninguém" para a deflagração do fazer poético, ato solitário do poeta, este fazer não teria sentido, pois este inclui a

---

2. Ambos hoje fazendo parte quer de sua *Obra Completa*, de 1994, quer do volume *Prosa*, de 1998, ambos editados pela Nova Fronteira.

possibilidade do refazer, tão *inútil* quanto o primeiro. Como resolver o impasse?

Pela criação, pela consciência, pela lucidez, de um espaço em que se afirma a vitória da dificuldade.

João Cabral sabe que o seu gesto, o seu atuar pela linguagem, está sempre ameaçado pela insignificância e é somente este saber que permite a continuidade.

Para misturar os termos: o lúdico pode ser uma conquista quando o que o deflagra é a lucidez e o lúcido pode ser uma vitória quando o que o espera é a "gratuidade" do jogo com a linguagem.

Por isso, creio que *Museu de Tudo* completa a figura do poeta que é João Cabral: não apenas o rigoroso artesão do primeiro conjunto de sua obra, mas o escritor que põe em xeque alguns dos valores assentados por sua própria poética, refazendo caminhos, multiplicando maneiras de ver a realidade ao desdobrá-la em novas e cambiantes variáveis de suas obsessões.

No poema *A Quevedo*, por exemplo, aquilo que era sorrateiro em sua obra anterior, isto é, a aceitação do jogo como elemento também essencial do poético, é agora afirmado, enquanto engenho, como face complementar da poesia:

> Hoje que o engenho não tem praça,
> que a poesia se quer mais que arte
> e se denega a parte
> do engenho em sua traça,
>
> nos mostra teu travejamento
> que é possível abolir o lance,
> o que é acaso, chance,
> mais: que o fazer é engenho.

Se se considera aquela categoria negativa do fracasso que se pode apontar na leitura de *Pedra do Sono*, o primeiro livro de João Cabral, como justificando a epígrafe mallarmeana da obra (*Solitude, récif, étoile...*), não é difícil ver, pela leitura deste poema de três décadas mais tarde, uma espécie de superação dos impasses do grande poeta francês, sobretudo aquele de *Un Coup de Dès*, aludido no poema transcrito.

O acaso (o *hasard* de Mallarmé) pode ser abolido apenas pelo engenho que abre a poesia para as excitações do mundo. Dentre elas, está claro, começa a avultar o próprio traçado autobiográfico que se insinua em alguns textos deste livro: em "Acompanhando Max Bense em sua Visita a Brasília, 1961", em "Díptico", em "Duplo Díptico", em "Lendo Provas de um Poema", em "De uma Praia do Atlântico", em "O Profissional da Memória", em "O Autógrafo", etc. etc. Mas é um traçado que encontra a sua "vértebra" naquilo que está expresso no poema "Rilke nos *Novos Poemas*":

> Preferir a pantera ao anjo,
> condensar o vago em preciso:
> nesse livro se inconfessou:
> ainda se disse, mas sem vício.
> Nele, dizendo-se de viés,
> disse-se sempre, porém limpo;
> incapaz de não se gozar,
> disse-se, mas sem onanismo.

Este dizer-se enviesado, um dizer de si mesmo, "mas sem vício", "mas sem onanismo", encontra a sua objetivação no livro de 1980: *A Escola das Facas*.

III

Na verdade, mesmo uma leitura superficial deste livro, aquela que apenas visasse os diversos títulos dos poemas, logo mostraria uma diferença essencial com relação às obras anteriores do poeta: de que maneira o tempo da poesia de João Cabral abre-se agora, generosamente, para a memória, seus gumes, suas arestas, facas conquistadas pelo fazer caprichoso, presenças de uma "educação" passo a passo, "a palo seco".

Para quem já sabe o valor que a aprendizagem desempenha na obra do poeta (e não é possível o seu desconhecimento para quem tenha lido o primeiro conjunto da obra), os quarenta e quatro poemas de *A Escola das Facas* desenham um arco tenso entre educação e instrumento: a escola é de facas porque ali se aprende a eliminação de tudo o que é excesso, como já se afirmara no poema-livro "Uma Faca só Lâmina", de 1956.

Voltando-se para as formas de seu Estado de Pernambuco (tanto geográfico quanto psicológico), o poeta sexagenário rearticula o seu campo de referência obsessivo, deixando aflorar os traços de seu caminho. "Livro-umbigo" é como a este livro ele próprio se refere no poema-carta ao editor, intitulado "O que se Diz ao Editor a Propósito de Poemas".

"A Escola das Facas", possuindo o "vertebrado", que ao próprio poeta parecia faltar no livro anterior, encontra o seu módulo de composição no movimento autobiográfico que o rege. Todavia, assim como dissera de Rilke dos *Novos Poemas*, o seu memorialismo também surge *de viés* no espelhamento de uma aprendizagem que é aqui explicitada em termos de *escola*.

Pernambuco, engenhos, cana, vento, mar, coqueiros, literatura, rios, facas, zona-da-mata, sertão, casas-grandes, senzalas, chuvas, Recife, Olinda, praias, frutas, pintores, mulheres, poetas, família, heróis, marés – termos convocados pela dicção aprendida em seus quarenta anos de poesia.

Esta constelação obsessiva, no entanto, ao se gozar no vértice da memória, não renega do duro, do acre e do contundente da lucidez conquistada. A cana, a cana-foice, o corte de cana se insinua a cada passo, lâmina acerada interferindo no comprazimento da memória enxundiosa. É o que está no primeiro poema do livro, *Menino de Engenho:*

A cana cortada é uma foice.
Cortada num ângulo agudo,
ganha o gume afiado da foice
que a corta em foice, um dar-se mútuo.

Menino, o gume de uma cana
Cortou-me ao quase de cegar-me,
e uma cicatriz, que não guardo,
soube dentro de mim guardar-se.
A cicatriz não tenho mais;
o inoculado, tenho ainda;
nunca soube é se o inoculado
(então) é vírus ou vacina.

Como se vê, o esquema semântico do poema não é complicado: a partir de um primeiro movimento de relação quase amorosa, em que cana e foice se confundem, passando pela interiorização da ferida, até a consciência daquilo que persiste, embora não se possa dizer, com precisão, o seu valor – se o transmissível (vírus) ou se o que defende e evita (vacina).

De qualquer maneira, trata-se de um "dar-se mútuo", uma inevitável reversibilidade entre objeto (cana, foice) e experiência (cicatriz, memória). Observe-se, enfim, a mestria do poeta na utilização do termo dominante na última estrofe – "inoculado" – em que se recupera ação e local na própria formação do vocábulo: *in+oculado*, a cicatriz *no olho*.

Para lembrar o último verso do poema "A Educação pela Pedra", no livro do mesmo nome ("uma pedra de nascença, entranha a alma"), é, por assim dizer, uma outra versão do entranhado da pedra, agora cana, cana-foice.

Na verdade, todo o livro é composto por essa matéria que a memória vai, ludicamente, fazendo aparecer, sob o controle da consciência, sem perda do engenho.

Por isso mesmo, tem vez a anedota, como no poema "Horácio", em que as substituições dos termos (passarinho, bêbado, alpiste, cachaça) constroem o espaço textual para o humor e o riso.

Enviado, com dinheiro, a comprar alpiste para os passarinhos,

Horácio não comprara
alpiste; e tocar na água
gratuita, para os cochos,
certo lhe repugnava.

Gastou o que do alpiste
com o alpiste-cachaça,
alma do passarinho
que em suas veias cantava.

Por isso, tem vez o erotismo de "As Frutas de Pernambuco", já utilizadas em *Quaderna* dos anos 1960 no poema "Jogos Frutais", agora com maior contundência no uso explícito da relação fruta-mulher:

é tão carnal, grosso, de corpo,
de corpo para o corpo, o coito,
que mais na cama que na mesa
seria cômodo querê-las.

Erotismo que se faz presente também no admirável poema "Forte de Orange", "Itamaracá", onde a relação mais do que sensual, sexual, é construída em torno da aproximação entre ferro e musgo, dominada pelo tempo que realiza a penetração, aquele "dar-se mútuo":

A pedra bruta da guerra,
seu grão granítico, hirsuto,
foi toda sitiada por
erva-de-passarinho, musgo.
Junto da pedra que o tempo
rói, pingando como um pulso,
inroído, o metal canhão
parece eterno, absoluto.
Porém o pingar do tempo
pontual, penetra tudo;
se seu pulso não se sente,
bate sempre, e pontiagudo,
e a guerrilha vegetal
no seu infiltra-se mudo,
conta com o tempo, suas gotas
contra o ferro inútil, viúvo.
E um dia os canhões de ferro,
sua tesão vã, dedos duros,
se renderão ante o tempo
e seu discurso, ou decurso:
ele fará, com seu pingo
inestancável e surdo,
que se abracem, se penetrem,
se possuam, ferro e musgo.

Não é, entretanto, só erotismo, mas uma inesperada relação com a história: uma história bem presente na região do poeta, o Pernambuco da experiência com a invasão dos holandeses, "tempo dos flamengos", para usar o título do livro famoso de um parente do poeta, o historiador José Antonio Gonsalves de Mello, de que o Forte Orange, plantado na ilha de Itamaracá, é um signo da memória.

Sendo assim, a memória, "vértebra" deste livro, não é apenas pessoal mas histórica, revelando-se em numerosos textos, seja através de personalidades, tais como "Antonio de Moraes Silva", "Imitação de Cícero Dias", "A Carlos Pena Filho", "Na Morte de Joaquim Cardozo" ou "Natividade Saldanha", em *Um Poeta Pernambucano*, seja através de lugares, tais como O *Engenho Moreno* (onde o imperador Pedro II hospedou-se em viagem pelo Nordeste), "Barra do Sirinhaém", "Olinda *revisited*", "O Teatro Santa Isabel do Recife", seja através do inusitado "A Cana e o Século Dezoito", onde se diz que

> A cana-de-açucar, tão mais velha,
> que o século dezoito, é que o expressa.
>
> A cana é pura enciclopedista,
> No geométrico, no ser-de-dia.

Mas onde memória, história e aprendizado melhor se identificam é no importante poema – e importante porque fonte ímpar para o entendimento das relações de João Cabral com a cultura popular nordestina, aquela que, juntamente com o cancioneiro ibérico, é matriz essencial de seu verso e de seu imaginário – "Descoberta da Literatura", que, por si mesmo, já justificaria o primeiro termo – *escola* – do título da coleção.

Vale a pena ler o texto que diz da leitura e da oralização do romanceiro de cordel e daquilo que representou como aprendizado literário e social para o poeta:

> No dia-a-dia do engenho,
> toda a semana, durante,
> cochichavam-me em segredo:
> saiu um novo romance.
> E da feira do domingo
> me traziam conspirantes
> para que os lesse e explicasse

um romance de barbante.
Sentados na roda morte
de um carro de boi, sem jante,
ouviam o folheto guenzo,
a seu leitor semelhante,
com as peripécias de espanto
preditas pelos feirantes.
Embora as coisas contadas
e todo o mirabolante,
em nada ou pouco variassem
nos crimes, no amor, nos lances,
e soassem como sabidas
de outros folhetos migrantes,
a tensão era tão densa,
subia tão alarmante,
que o leitor que lia aquilo
como puro alto-falante,
e, sem querer, imantara
todos ali, circunstantes,
receava que confundissem
o de perto com o distante,
o ali com o espaço mágico,
seu franzino com o gigante,
e que o acabassem tomando
pelo autor imaginante
ou tivesse que afrontar
as brabezas do brigante.
(E acabaria, não fossem
contar tudo à Casa-grande:
na moita morta do engenho,
um filho-engenho, perante
cassacos do eito e de tudo,
se estava dando ao desplante
de ler letra analfabeta
de curumba, no caçanje
próprio dos cegos de feira,
muitas vezes meliantes.)

É esta convergência entre a memória pessoal e a histórica, que é não
somente a das circunstâncias, mas da literatura, que, talvez, tenha dado

o impulso essencial para a composição da terceira obra deste segundo conjunto de textos poéticos: o *Auto do Frade*.

IV

A experiência com a forma dramática do auto já havia sido utilizada por João Cabral em seu famoso poema *Morte e Vida Severina*, de 1956, de denso e tenso teor social, como ocorria com os demais livros-poemas do chamado "tríptico do rio", já mencionado, mas agora, com esta obra de 1984, se tratava de acoplar à memória social, que é o fundamento daqueles poemas dos anos 1950, aquela memória histórica conquistada por entre os versos de *A Escola das Facas*.

Na verdade, a escolha de Frei Caneca ou, melhor ainda, do momento social e histórico em que o herói da Revolução Constitucionalista de Pernambuco é levado à execução e à morte no Forte das Cinco Pontas, em Recife, dava ao poeta a oportunidade não apenas para uma exaltação histórica (que também conta no *Auto*), mas para uma notável exploração das passagens entre política e retórica, sentimento e razão, pedras de toque da sensibilidade brasileira dos inícios do século XIX, dada a identificação do frei como patriota e, simultaneamente, erudito autor de obra sobre retórica e estudioso das idéias e das mais diversas ciências de seu tempo conturbado.

Deste modo, numa das falas de Frei Caneca é possível o registro dessas passagens, no momento mesmo em que medita sobre a morte:

> Eu sei que no fim de tudo
> um poço cego me fita.
> Difícil é pensar nele
> neste passeio de um dia,
> neste passeio sem volta
> (meu bilhete é só de ida).
> Mas por estreita que seja,
> dela posso ver o dia,
> dia Recife e Nordeste
> gramática e geometria,

de beira-mar e Sertão
onde minha vida um dia.

Tendo-se em vista todo o processo de educação e aprendizagem a que João Cabral foi submetido por seu próprio fazer poético, revelado em todo o primeiro conjunto de sua obra a culminar com *A Educação pela Pedra*, é razoável, talvez, dizer que, com este *Auto*, ocorre uma espécie de educação pela história.

Sem dúvida, a abertura para o mundo e para a vida que se deflagra neste segundo conjunto da obra de João Cabral, movimento central em sua poesia a partir de *Museu de Tudo*, levava também a incluir a ampliação dos significados do poema no sentido de uma certa experiência histórica, com a qual se completa o circuito da memória.

Mais uma vez, no entanto, é preciso enfatizar o controle da experiência pelo exercício da composição estrita: não é somente a imagem histórica de Frei Caneca, traduzindo gestos heróicos, que circula no texto, mas, sobretudo, a tensão entre o que é representação da história e a técnica narrativa do *Auto*, enquanto forma dramática privilegiada pelo poeta, que ocupa o verso cabralino. Um verso que, sem esquecer lições anteriores, permite a passagem maior entre o social, dominante, por exemplo, em *Morte e Vida Severina*, para o mais largamente histórico, sem perda das exigências básicas de uma composição pessoal aprendida.

V

É o que, de certa maneira, mas num sentido inverso, ocorre no livro seguinte, *Agrestes*, de 1985, onde, talvez, a característica maior seja uma espécie de educação pela morte, não mais social, como estava, por exemplo, nos diversos cemitérios evocados no primeiro conjunto da obra, mas individual.

Por outro lado, todavia, isto é apenas um aspecto de um livro muito variado, o mais extenso em número de poemas, noventa e dois precisamente, publicado pelo poeta.

De fato, lido na perspectiva de sua obra anterior, *Agrestes* parece ser uma combinação de *Museu de Tudo*, dada a riqueza temática e suas variantes obsessivas, e de *Paisagens com Figuras*, de 1956, não só por ser o livro mais rico na representação social da morte, como ainda pela larga confluência de Pernambuco e Sevilha, a que são acrescentadas agora paisagens e figuras da África e dos Andes.

O Nordeste e a Espanha têm as suas presenças acentuadas nas duas primeiras partes do livro, "Do Recife, de Pernambuco" e "Ainda, ou Sempre, Sevilha"; a África está em "Do Outro Lado da Rua", e os Andes em "Viver nos Andes". Há, ainda, duas outras partes: uma que segue as duas primeiras, intitulada "Linguagens Alheias", e uma final, aquela em que predomina uma meditação sobre a morte individual, cujo título é parte de um verso de Manuel Bandeira, "A 'Indesejada das Gentes' ".

Note-se, por outro lado, que a primeira das duas últimas partes mencionadas parece retomar um esquema adotado por João Cabral numa antologia, por ele mesmo organizada, e publicada em 1982, quer dizer entre *A Escola das Facas* e este livro e que não se incluiu em nenhuma das edições de suas obras e que tem merecido pouca, ou nenhuma, atenção por parte da crítica do poeta. Trata-se do livro *Poesia Crítica*, constituído por duas séries de poemas, *Linguagem* e *Linguagens*, com importante "Nota do Autor", em que se afirma:

> Talvez possa parecer estranho que, passados tantos anos de seus primeiros poemas, o autor continue se interrogando e discutindo consigo mesmo sobre um ofício que já deveria ter aprendido e dominado. Mas o autor deve confessar que, infelizmente, não pertence a essa família espiritual para quem a criação é um dom, dom que por sua gratuidade elimina qualquer inquietação sobre sua validade, e qualquer curiosidade sobre suas origens e suas formas de dar-se[3].

São estas entranhadas inquietação e curiosidade que estão também presentes nos numerosos textos de *Agrestes*, desde o seu poema-dedicatória a Augusto de Campos, através do qual, por assim dizer, compõe, ou recompõe, o seu quadro de admirações, de modo semelhante ao que

---

3. Sobre este livro, e sua posição no conjunto da obra do poeta, escrevi o texto "A Poesia Crítica de João Cabral", publicado em minha coluna, "Entre Livros", na *Cult, Revista Brasileira de Literatura*, ano III, n. 29, dez. de 1999.

fizera com outros poetas e pintores no poema "O Sim contra o Sim", do livro *Serial*, de 1961, louvando um artista que por ele fora influenciado, num sentido muito parecido com aquele que ocorrera na homenagem que lhe fora prestada, em "Convergência", por Murilo Mendes, um de seus grandes mestres brasileiros, ao se declarar "cabralizado".

Não são poucos os momentos, neste livro de 1985, em que fica explícita uma poética de corte metalingüístico, por onde se busca acentuar a concretização da palavra poética por entre as tensões criadas pelos aspectos de arte e comunicação da própria linguagem da poesia. É o caso, por exemplo, do poema "Falar com Coisas" que, de certa maneira, retoma os termos daquele "Retrato de Poeta", de *Museu de Tudo*, transcrito anteriormente:

> As coisas, por detrás de nós,
> exigem: falemos com elas,
> mesmo quando nosso discurso
> não consiga ser falar delas.
> Dizem: falar sem coisas é
> comprar o que seja sem moeda:
> é sem fundos, falar com cheques,
> em líquida, informe diarréia.

Neste livro, entretanto, como em muitos outros do poeta, a metalinguagem não se esgota em si mesma, como se, retomando os termos com que tratava o memorialismo de Rilke nos *Novos Poemas*, se satisfizesse com o onanismo; ao contrário disso, serve, precisamente, para falar das coisas, na medida em que é, para João Cabral, um meio pelo qual vai descobrindo ou recriando a forma das coisas, sejam figuras, paisagens, objetos, outras artes. Que sirva de exemplo o poema "O Capibaribe e a Leitura":

> O Capibaribe no Recife
> de todos é o jornal mais livre.
>
> Tem várias edições por dia,
> Tantas quanto a maré decida.

Na Jaqueira, o Capibaribe
tinha uma edição do Recife

e tinha outra do interior
(sempre quando a maré baixou).

Se não lhe devo saber ler,
devo-lhe fazer do ler ser,

o imóvel ser para a leitura
que nos faz mais enquanto dura,

esse dar-se que a paciência
de sua passada pachorrenta

impõe a quem lhe lê a gazeta
que ele dá a ler, letra a letra.

Desta maneira, a partir de um primeiro símile, em que o rio é igualado a jornal, João Cabral transforma o Capibaribe em objeto de leitura, arrastando-o para os recantos de memória de sua infância (Jaqueira é o bairro que é parte entranhada de sua mitologia pessoal, como sabe aquele que, tendo lido o poema "O Rio", ali o encontra experimentado pelo menino guenzo, *persona* do poeta), que, simultaneamente, embora não lhe tenha ensinado "saber ler", como está na quinta e admirável estrofe, ensina um ritmo de leitura, de "passada pachorrenta" e "letra a letra".

É o aprender com a forma dos objetos, tema fundante de meu livro de 1975, já mencionado, que dá à operação metalingüística do poeta a sua singularidade, retirando-a da vala comum do tópico da poesia sobre poesia. É um aprendizado com a realidade que é, ao mesmo tempo, uma lição de poesia porque João Cabral sabe, e toda a sua obra o demonstra, que as relações entre as duas – realidade e poesia – são antes de tensão e de busca de traduções estruturais do que simplesmente descritivas, quer disfóricas, quer eufóricas ou apologéticas.

Aprendida a lição, a sua obra abre-se para as reiterações e para as incorporações daquilo que ficara apenas insinuado em poemas anteriores. É, sem dúvida, o que acontece com o tema da morte, em sua variante individual, creio, como já foi dito, o traço mais singularizador de *Agrestes*.

Esclareça-se: variante individual não quer dizer que a temática seja ensimesmada, fechando-se na lamúria ou na autocomiseração. É variante individual se pensada em termos comparativos com o seu tratamento coletivo em obras anteriores, onde se acumulam os cemitérios nordestinos, ou mesmo a morte anônima e "Severina" do auto famoso. Neste livro de 1985, a individualização da morte se faz, sobretudo, pela ironia, pelo humor, e mesmo pelo sarcasmo, com que são narradas, por assim dizer, "situações" da morte.

Na verdade, os catorze poemas da última parte da obra, excluindo-se, como posfácio, "O Postigo", trazem a morte para uma espécie de conversa casual em que a seriedade do tema é, de certo modo, desconstruída pela sintaxe narrativa utilizada por João Cabral que, mais uma vez, faz da poesia da morte uma antipoesia. É o que está, por exemplo, em alguns versos do primeiro poema, "Conselhos do Conselheiro":

1

Temer quedas sobremaneira
(não as do abismo, da banheira)

Andar como num chão minado,
que se desmina, passo a passo.

Gestos há muito praticados
melhor sejam ressoletrados.

....

4

De cada cama em que se sobe
se descerá? É que se pode?

E cada cama em que se deita
Não será acaso a derradeira,

que tem tudo de cama, quase:
menos a tampa em que fechar-se.

Ou é a situação do morto, impossibilitado de dizer depois da morte, flagrada no tratamento que lhe dão já cadáver, no terrível "O Defunto Amordaçado":

O homem não morre mineral.
Morto e sem gestos que ele esteja,
logo põe-se a exportar a morte:
mal a tem, mas já a mercadeja.

Por isso é que amarram-lhe a boca,
tapam-lhe de algodão as narinas:
não querem que se expresse em sânie
o sermão que hoje poderia:

o talvez que achou? não achou?
quem sabe? ao final do percurso:
negam-lhe a antena do mau cheiro
por que diria o seu discurso.

Ou mesmo a artimanha de articular a morte (e a vida) a procedimentos retóricos, a partir da construção do símile inusitado em que a vida (e a morte) são igualadas a sinais de pontuação:

Todo mundo aceita que ao homem
cabe pontuar a própria vida:
que viva em ponto de exclamação
(dizem: tem alma dionisíaca);

 viva em ponto de interrogação
(foi filosofia, ora é poesia);
viva equilibrando-se entre vírgulas
e sem pontuação (na política):

o homem só não aceita do homem
que use a só pontuação fatal:
que use, na frase que ele vive
o inevitável ponto final.

Acredito que a leitura destes três poemas é suficiente para se formar uma idéia da maneira do tratamento da temática da morte adotada por João Cabral em *Agrestes*. Repita-se: uma abordagem narrativa de *situações* de morte, em que o humor desestrutura a presumida seriedade do tema, questionando, assim, a dita poesia da morte pela criação de uma antipoesia.

Agrestes termina com aquele texto, espécie de posfácio, "O Postigo", já mencionado. Uma espécie também de despedida do poeta que, aos sessenta anos, não encontra mais forças, sobretudo físicas, para o seu tenso trabalho, correndo o risco de entregar-se a uma daquelas duas atitudes denunciadas numa das estrofes do texto:

> Aos sessenta, o escritor adota,
> para defender-se, saídas:
> ou o mudo medo de escrever
> ou o escrever como se mija.

VI

Seria uma despedida se dois anos mais tarde, em 1987, João Cabral não tivesse publicado aquele que é o último livro de *Museu de Tudo e Depois*, de 1988: *Crime na Calle Relator*, que, de certa forma, amplia ainda mais o sentido da narratividade e de "situações" de *Agrestes*, percebendo-se também o mesmo tratamento irônico que estava ali presente.

Na verdade, a partir da epígrafe de W. H. Auden ("in that ago when being was believing"), os dezesseis poemas são todos pequenos textos historicizados pela experiência do poeta, seja a mais remota de sua infância e adolescência nordestinas, seja a européia de sua maturidade, pois, além da Espanha, referência quase sempre obrigatória, a França e a Inglaterra comparecem em dois poemas: "A Tartaruga de Marselha" e "Funeral na Inglaterra", respectivamente.

Se o livro se inicia com uma anedota espanhola, embora o elemento "cachaça", principal motivo do texto, já estabeleça uma ponte para a experiência nordestina, como está no poema-título "Crime na Calle Relator" e nas estrofes quinta e sétima,

> Já vi gente ressuscitar
> com simples gole de cachaça
> e *arrancarse por bulerías*
> dente da mais encorujada.
>
> ....

que lhe dei cuidadosamente
como uma poção de farmácia,
medida, como uma poção,
como não se mede a cachaça,

ele, o livro, termina com uma corrosiva anedota recifense, envolvendo
mestres e estudantes da tradicional Faculdade de Direito do Recife, tal
como se lê no poema "História de Mau Carácter"

A Faculdade de Direito
de Olinda, depois do Recife,
envolvia todos seus Lentes
de uma aura (a toga?) de Pontífice.

Então, ser Lente de Direito
é mais que ser Governador:
este só governa quatro anos,
e aquele é sempre e tem Doutor.

Uma vez, na vaga que abrira,
de um Direito que acaba em *al*,
o rico que a ela se apresenta
tem o pobre como rival.

Este, rato de livraria,
descobriu que a Ramiro Costa
recebera dois exemplares
do tratado de última moda.

Era um tratado italiano,
que a Itália então é o figurino,
e o pobre vendo como tê-lo
vê o rico pela rua vindo.

Para o adversário: "Fulano,
estamos de parabéns, ambos.
Ramiro tem dois exemplares
da bíblia do Grande Italiano.

Não comprei. Estou procurando
quem me empreste tanto dinheiro.

Mas vá comprar um deles. Homem,
é útil focinhar livreiros".

Na loja, na manhã seguinte,
já no sebo os tratados nossos,
diz-lhe o caixeiro: "Esgotou ontem.
Vendemos os dois a um só moço".

Mas há dois textos, todavia, que estabelecem uma forte relação, seja
com a obra anterior, *Agrestes*, seja com a obra seguinte, *Sevilha Andando*,
de 1989.

No primeiro caso, trata-se do poema "O Exorcismo", que parece saí-
do da última parte do livro de 1985, servindo mesmo de metalinguagem
para a questão da passagem do tema da morte coletiva para o da morte
individualizada, como já se referiu antes. Eis o poema:

Madrid, novecentos sessenta.
Aconselham-me o Grão-Doutor.
"Sei que escreve: poderei lê-lo?
Senão tudo, o que acha melhor".

Na outra semana é a resposta.
"Por que da morte tanto escreve?"
"Nunca da minha, que é pessoal,
mas da morte social, do Nordeste".

"Certo. Mas além do senhor,
muitos nordestinos escrevem.
Ouvi contar de sua região.
Já li algum livro de Freyre.

Seu escrever da morte é exorcismo,
seu discurso assim me parece:
é o pavor da morte, da sua,
que o faz falar da do Nordeste".

No segundo caso, trata-se do poema "A Sevilhana que não se Sabia"
que, sem variantes, passou a ser o primeiro texto de *Sevilha Andando*.

Por outro lado, entretanto, há um texto neste livro de 1987 cuja sintaxe metalingüística faz a linguagem do poema retroceder a alguns traços fortes de livros do anos 1960 ou até mesmo, mais explicitamente, ao poema "Alguns Toureiros", de "Paisagens com Figuras", dos anos 1950, ou, mais ainda, à *Antiode*, dos anos 1940, se se atenta para a imagem que é utilizada nas últimas estrofes. Refiro-me ao poema "O Ferrageiro de Carmona", em que a narração de uma atividade serve ao poeta para extração de ensinamentos e lição para a própria poesia:

Um ferrageiro de Carmona
que me informava de um balcão:
Aquilo? É de ferro fundido,
foi a fôrma que fez, não a mão.

Só trabalho em ferro forjado
que é quando se trabalha ferro;
então, corpo a corpo com ele,
domo-o, dobro-o até o onde quero.

O ferro fundido é sem luta,
é só derramá-lo na fôrma.
Não há nele a queda-de-braço
e o cara-a-cara de uma forja.

Existe grande diferença
do ferro forjado ao fundido;
é uma distância tão enorme
que não pode medir-se a gritos.

Conhece a Giralda em Sevilha?
De certo subiu lá em cima.
Reparou nas flores de ferro
dos quatro jarros das esquinas?

Pois aquilo é ferro forjado.
Flores criadas numa outra língua.
Nada têm das flores de fôrma
Moldadas pelas das campinas.

Dou-lhe aqui humilde receita,
ao senhor que dizem ser poeta:

o ferro não deve fundir-se
nem deve a voz ter diarréia.

Forjar: domar o ferro à força,
não até uma flor já sabida,
mas ao que pode até ser flor
se flor parece a quem o diga.

Sem dúvida, é a retomada de uma maneira obsessiva de aprendizagem para a poesia a partir de outras linguagens; no caso deste poema, a
atividade do ferrageiro, dando maior valor artístico ao forjar do que ao
fundir, pela maior presença da mão e por sua maior dificuldade e mesmo
pela dispensa da fôrma, acaba sendo o modo de passagem, por dentro
de uma outra linguagem, para que o poeta possa passar para a sua, a da
poesia, tendo aprendido com aquela.

A leitura deste livro exige, no entanto, uma afirmação derradeira: é de
que, em relação àqueles livros e poemas anteriores mencionados e com
que o procedimento utilizado neste poema tanto se parece, há uma evidente ampliação, ou seja, a articulação desse aprendizado com a sintaxe
narrativa agora assumida de modo franco por João Cabral, e respaldada
por toda a intensidade de criação e de composição de seus textos de quase
meio século.

VII

Articulação que me parece responder pela novidade de tratamento
dado ao tema, reiterativo em seus poemas, da Espanha, em particular de Sevilha, naquela que é a sua última obra, *Sevilha Andando*, de
1989, cujas duas partes, a primeira levando o nome-título e a segunda
invertendo-o, "Andando Sevilha", tal como está na primeira edição,
surgem como se fossem dois livros na edição da *Obra Completa*, de
1994.

A primeira parte, *Sevilha Andando*, com poemas escritos entre 1987 e
1993, tal como editados na *Obra Completa*, correspondendo a um acréscimo de quinze textos com relação àquilo que era a primeira parte na edi-

ção original e daí, creio, se explicar a segunda data; a segunda, "Andando Sevilha", reunindo poemas escritos entre 1987 e 1989.

E a novidade referida está antes na qualidade da articulação – entre aprendizado e sintaxe narrativa – do que em sua existência. Já em *Quaderna*, de 1960, ou mesmo em *Agrestes*, percebia-se de que modo a linguagem do poeta procurava realizar a interpenetração entre o sentido para a sensualidade feminina e a linguagem da arquitetura e o melhor exemplo disso, talvez, seja o poema "A Mulher e a Casa" daquele livro de 1960:

> Tua sedução é menos
> de mulher do que de casa:
> pois vem de como é por dentro
> ou por detrás da fachada.
>
> Mesmo quando ela possui
> tua plácida elegância,
> esse teu reboco claro,
> riso franco de varandas,
>
> uma casa não é nunca
> só para ser contemplada;
> melhor: somente por dentro
> é possível contemplá-la.
>
> Seduz pelo que é dentro,
> ou será, quando se abra;
> pelo que pode ser dentro
> de suas paredes fechadas;
>
> pelo que dentro fizeram
> com seus vazios, com o nada;
> pelos espaços de dentro,
> não pelo que dentro guarda;
>
> pelos espaços de dentro:
> seus recintos, suas áreas,
> organizando-se dentro
> em corredores e salas,

os quais sugerindo ao homem
estâncias aconchegadas,
paredes bem revestidas
ou recessos bons de cavas,

exercem sobre esse homem
efeito igual ao que causas:
a vontade de corrê-la
por dentro, de visitá-la.

Sobre este texto, escrevi no livro de 1975, já por diversas vezes mencionado:

Deflagrado o conceito – a prevalência de um espaço interior –, cinco das oito estrofes do texto tratam do modo pelo qual a arquitetura da casa se oferece ao homem que a contempla, habitando-a.

É exatamente este processo de interiorização, profundamente erótico em seu desdobramento final, que modula o lirismo do poema.

O que interessa ao poeta (pelo poema), portanto, é muito menos o símile encontrado para falar da mulher do que o modo, a forma, que ele estabelece como linguagem de um objeto (a arquitetura) em suas relações com o homem. Não é aquilo que a casa contém por dentro que importa, mas a forma por meio da qual se organizam os seus espaços, assim como não é de uma possível essência interior da mulher de que se trata. [...].

É esta perícia em aproveitar do conceito, às vezes de fato, trilhando o maneirismo (mas o que se tem contra o maneirismo, quando ele é uma conquista?), que dá razão aos vínculos barrocos "metafísicos" do poeta.

Na verdade, neste poema, ao desmontar o jogo das imagens encontradas para extrair o objeto, quando então o espaço da arquitetura e o da mulher se equivalem, trata-se antes de falar da linguagem do objeto, *aprendendo* com ela, do que de seus conteúdos[4].

Sendo assim, a mudança qualitativa que agora, em *Sevilha Andando*, ocorre, está em que, por um lado, é mais forte o peso da própria estrutura narrativa dos poemas e, por outro, o sentido para a sensualidade, dominante, sobretudo, na primeira parte, é menos encrespado porque dirigido

---

4. Cf. *A Imitação da Forma: Uma Leitura de João Cabral de Melo Neto*, p. 165.

a uma só figura feminina, daí um certo tom de resumo, ou de resolução, como se naquela figura se cristalizassem todas as outras – fragmentos estilhaçados pela procura.

As últimas estrofes do poema "A Sevilhana que não se Sabia", de *Sevilha Andando*, mas também de "Crime na Calle Relator", como já se disse, talvez esclareçam melhor o que se procurou caracterizar:

Para convencer a sevilhana
surpreendida por estas bandas

quis dar-lhe a ver em assonantes
o que ambas têm de semelhante.

Mas para sua confusão
o que escreveu até então

de Sevilha, de sua mulher,
de suas ruas, de seu ser

(que Sevilha, se há de entender
é toda uma forma de ser),

o que escreveu até então
se revelou premonição:

a sevilhana que é campista
já vem nos poemas de Sevilha,

e vem neles tão antevista
que em Sobrenatural creria

(não fosse ele homem do Nordeste
onde tal Senhor só aparece

com santas, sádicas esponjas
para enxugar riachos e sombras).

É a dominante desta primeira parte do livro: uma interação, por assim dizer, pacificada pelo encontro daquilo, ou de quem seria melhor, que, em outras épocas, em outros poemas, buscava-se sob a tensão de figuras e leituras estilhaçadas.

Mas isto, entretanto, não significa anular a pesquisa poética, a inquietação de que João Cabral não abre mão na composição do poema. O que se comprova através do admirável e permanente risco a que se lança na articulação entre a narrativa, agora modo privilegiado dos textos, e outras linguagens artísticas, dentre as quais predomina a arquitetura e que preenche a maior parte dos poemas que pertencem à segunda parte, "Andando Sevilha", e que se prenuncia no último poema da primeira parte, "Presença de Sevilha", tal como vem na edição da *Obra Completa*, em que mulher e cidade se traduzem num único ser entranhado na experiência do poeta:

> Cantei mal teu ser e teu canto
> enquanto te estive, dez anos;
> cantaste em mim e ainda tanto,
> cantas em mim teus dois mil anos.
> Cantas em mim agora quando
> ausente, de vez, de teus quantos,
> tenho comigo um ser e estando
> que é toda Sevilha caminhando.

Deste modo, se, na primeira parte do livro, ele vê a cidade *na* mulher, operando aquele lance metalingüístico que é a sua marca desde o primeiro conjunto de sua obra, na segunda é a perspectiva da mulher *na* cidade, com que completa o círculo de leitura e de nomeação.

Operando tal imbricação, o que se convoca, mais uma vez, é exatamente uma aprendizagem com as formas, com as linguagens, sejam da mulher, sejam da cidade, de onde se extrai uma lição para a poesia – de uma poesia que é sempre um árduo e arriscado aprender, sem concessões para o fácil e o emoliente de uma certa tradição lírica.

Com esta última obra, João Cabral doava à literatura brasileira uma completa lição de poesia, que é também de ética da poesia, na medida em que é realizada "sem perfumar sua flor, sem poetizar seu poema", como fora dito em poema, "Alguns Toureiros", dos remotos anos 1950.

2

As Paisagens de João Cabral

A publicação da coletânea de poemas *Duas Águas*, pela Editora José Olympio, em 1956, depois da edição do longo poema "O Rio", em 1954, pela Comissão do IV Centenário da cidade de São Paulo, significou, por assim dizer, a consolidação da obra poética de João Cabral, pela inclusão de três novas obras fundamentais para a sua definição: *Morte e Vida Severina: Auto de Natal Pernambucano*, escrita entre 1954 e 1955, *Paisagens com Figuras* e *Uma Faca só Lâmina*, ambas escritas nos mesmos anos do *Auto*.

Deixando-se de lado o fato de que, pela primeira vez, o poeta tinha obra publicada por editora comercial, embora por sua conta já publicasse desde 1942, significava também consolidação não somente pela variedade dos temas centrados em torno de algumas das obsessões mais permanentes do poeta, existindo entre as concretizações regionalistas e as abstrações mais universais de composição, e ainda pelas tensões daí resultantes entre os pólos da comunicação e da invenção poética.

O próprio título da coletânea era uma definição, em que, de um lado, estaria aquele "tríptico do rio" (*O Cão sem Plumas*, *O Rio* e *Morte e Vida Severina*) e, de outro, todas as demais obras até então escritas, dominadas pela busca de uma linguagem poética (*Pedra do Sono*, *Os Três Mal-amados*, *O Engenheiro*, *Psicologia da Composição, com a Fábula de Anfion e Antiode*, *Paisagens com Figuras* e *Uma Faca só Lâmina*), mas, como águas, ambos os lados confundidos pelo mesmo sentido criador de tensa convergência. (Sei que a expressão "duas águas" alude à arquitetura (nordestina) dos telhados, mas insisto no que há de metáfora de divisão.)

E tanto isto é verdade que a localização de pelo menos duas obras é muito discutível: O Cão sem Plumas, dado o seu alto teor abstratizante de desmontagem metafórica, dificilmente é equivalente ao que há de narrativo ou dramático nos dois outros textos que integram o tríptico, e Paisagens com Figuras, pela intensidade narrativa de alguns momentos e a regionalização da experiência, em parte poderia estar incluída na primeira (ou segunda?) das águas da coletânea.

É este significado ambíguo que dá ao último livro citado uma grande importância no conjunto da obra de João Cabral, mesmo porque, pela primeira vez, o espaço de seus poemas é preenchido por duas "leituras" convergentes que, daí por diante, será uma constante em alguns de seus textos: Pernambuco e Espanha.

Neste sentido, oito dos dezoito poemas são centrados em paisagens e figuras pernambucanas, nove em temas extraídos da experiência espanhola e o último poema ("Duas Paisagens") explicita a convergência das duas experiências. O que entrelaça tais experiências é, sobretudo, um sentido de educação que João Cabral vai lendo para si mesmo e para o leitor, de tal maneira que passa sempre por longe de uma leitura simplesmente turística das realidades que o atingem.

De fato, as figuras que vê nas paisagens pernambucanas e espanholas encarregam-se do contraponto contínuo entre a descrição e a narração do seu texto.

Mais do que isto, contudo, é a própria utilização da técnica do verso retomado do cancioneiro popular, iniciada com "O Rio", o uso da "quadra" de versos assonantes, que dá o tom necessário a que o discurso sobre as paisagens crie as condições para a incorporação das figuras que as habitam.

Neste sentido, este livro pode ser visto como antecipação direta, quer de Quaderna, de 1960, quer de Agrestes, de 1985, e por onde João Cabral amplia as suas vinculações com uma tradição poética, quer nordestina, quer ibérica.

Estas vinculações, todavia, pelo fato mesmo de serem programadas, conscientes, não impedem, ao contrário legitimam, a crítica dos significados expressos pelas paisagens e figuras lidas pelo poeta.

Deste modo, já no primeiro texto, "Pregão Turístico do Recife", aquilo que se lê termina por ser o inverso do que o título do poema parece oferecer: paisagens e figuras são apreendidas enquanto lições, seja de uma poética, seja de uma ética, de tal modo entranhadas que aquilo que é descrição termina por ceder o lugar à narração densa e tensa de uma condição.

> Na verdade, se, por um lado,
> Com os sobrados podeis
> aprender lição madura:
> um certo equilíbrio leve,
> na escrita, da arquitetura,

por outro, todavia, a paisagem, em decorrência das figuras que ali habitam, orienta o poeta para uma leitura mais complexa:

> E neste rio indigente,
> sangue-lama que circula
> entre cimento e esclerose
> com sua marcha quase nula,
>
> e na gente que se estagna
> nas mucosas deste rio
> morrendo de apodrecer
> vidas inteiras a fio,
>
> podeis aprender que o homem
> é sempre a melhor medida.
> Mais: que a medida do homem
> não é a morte mas a vida.

Não há, como se vê, grande novidade em relação ao procedimento utilizado, por exemplo, em "O Cão sem Plumas".

Da mesma forma que naquele, a lição maior a ser extraída não se revela na superfície do poema, isto é, as equivalências subjacentes à paisagem da arquitetura e ao homem à margem do rio: ela, na verdade, esconde-se sob o aprendizado com a linguagem que permite a João Cabral a montagem de seu texto.

O que se pode aprender tanto com os sobrados quanto com o rio e o homem de sua margem só é possível na medida em que o poeta (e, com ele, o leitor) extraiu uma lição mais radical: a de que, para fazer ver a paisagem e a figura, a linguagem do poema tem de fazer-se intensificadora, e não apenas nomeante, da experiência.

É este teor didático – o aprendizado, pela linguagem, com a figura e a paisagem – que, se revelando como eixo de uma composição aparentemente descritiva, confere a este poema a sua problematização narrativa.

O seu ponto máximo de configuração está, possivelmente, no poema "Alguns Toureiros", sobretudo em suas três estrofes finais, quando é explicitamente nomeado o sentido da aprendizagem do poeta.

Na verdade, a arte do toureiro serve ao poeta como mediadora para extrair uma lição de ordem poética: a imagem da flor, repercutindo a "Antiode", de 1947, é recuperada desde que o seu perfume, o seu possível perfume, surja por força da contensão, do trabalho, que, ao mesmo tempo que a revela, permite a projeção para uma ordem de conhecimento e de sensações em que a sua presença pouco tem a ver com a aparente condição de flor.

O perfume que o toureiro evita seja derramado através da "flor que traz escondida" só é essencial na medida em que se conserva nos limites do possível: os verbos em modo infinitivo usados pelo poeta ("perfumar" e "poetizar") terminam por apontar o sentido último da teia de imagens estabelecida. Ou, dizendo de outro modo: a poetização do poema igualaria o derramamento que evita o toureiro.

Entre a experiência – tourada por Manolete – e o seu registro no espaço do poema, a distância é vencida pela equivalência conquistada entre os termos de comparação (flor e poema) utilizados para a descrição da arte do toureiro.

Neste sentido, o que o poeta aprende é tanto o virtuosismo de Manolete quanto o trabalho sobre a linguagem deflagrado para a sua comunicação, isto é, na medida em que a tourada é um signo passível de decifração pelo poeta, deixa de ser uma experiência à parte de sua linguagem. Ela é também uma leitura da realidade, cujos repertório e sintaxe cabe ao poeta traduzir em termos de poema. Lendo a tourada, por assim dizer, João Cabral aprende, pela linguagem do poema, a sua linguagem de precisão e antiilusionismo.

É precisamente este processo de leitura e de aprendizado que permite ao poeta a vinculação, pela raiz, das duas experiências (a nordestina e a espanhola) que o livro enfeixa. Pela raiz: quer dizer, usando uma técnica de verso popular e conquistando, por seu intermédio, uma dicção que o aproxima da rudeza e da simplicidade do *Romancero* ou da literatura de cordel do Nordeste. Exemplos notáveis podem ser quer o segundo poema do livro, "Medinaceli", quer um dos três cemitérios pernambucanos, o de "Nossa Senhora da Luz" (os outros dois são os de "Toritama" e de "São Lourenço da Mata").

No que se refere ao primeiro texto, "terra provável do autor anônimo do *Cantar de Mio Cid*", como se diz entre parêntese logo após o título, é uma descrição da região entre glórias passadas e misérias presentes quando a existência do famoso poema parece justificar o sentido que foi tomando a cidade entre um e outro estágios de sua história.

Utilizando a rima pobre em *ão*, o mesmo processo usado no cemitério pernambucano antes referido, João Cabral busca aquele sentido da cidade pela vinculação ao *Cantar de Mio Cid*, lido agora como instaurado pela própria rudeza coletiva que o poeta vê como característica da figura e da paisagem.

Sendo assim, se, por um lado,

Medinaceli era o centro
(nesse elevado plantão)
do tabuleiro das guerras
entre Castela e o Islão,

entre Leão e Castela,
entre Castela e Aragão,
entre o barão e seu rei,
entre o rei e o enfanção,

por outro, no entanto, na perspectiva do presente,

> pouca coisa lhe sobrou
> se não foi o poemão
> que poeta daqui contou
> (talvez cantou, cantochão),
>
> que poeta daqui escreveu
> com a dureza de mão
> com que hoje a gente daqui
> diz em silêncio seu *não*.

Deste modo, a *dureza* da mão que escreveu o poema transfere-se para a caracterização da figura que habita a cidade, tornando-se quase impossível distinguir onde começa o processo de metaforização: se da definição do poeta espanhol para a resposta daqueles que vivem na cidade, se da *rudeza* atual da gente da cidade para a compreensão de um *não* que estaria implícito no *Cantar*.

De qualquer maneira, a partir de um certo momento, difícil é mesmo dizer quem aprendeu: se a gente atual de Medinaceli com o poema, se o poeta do *Cantar* com aquilo que, historicamente, daria na gente de Medinaceli.

Não se dá o mesmo, contudo, com aquilo que aprende João Cabral: não apenas o que diz Medinaceli mas o modo pelo qual foi possível este dizer. Por isso, a paisagem e a história da paisagem passam a não se distinguir no correr da leitura do poema. Não que se negue uma em favor da outra: ao contrário, é a aglutinação que impossibilita a distinção nítida. Da mesma maneira que é difícil separar entre o *não* da resposta da figura atual e a *rudeza* da mão que escreveu o *Cantar*.

Assim também é o modo de sepultar que serve como veículo de definição de uma condição miserável, tal como está no cemitério pernambucano mencionado:

> Nesta terra ninguém jaz,
> pois também não jaz um rio
> noutro rio, nem o mar
> é cemitério de rios.

Nenhum dos mortos daqui
vem vestido de caixão.
Portanto, eles não se enterram,
são derramados no chão.

Vêm em redes de varandas
abertas ao sol e à chuva.
Trazem suas próprias moscas.
O chão lhes vai como luva.

Mortos ao ar-livre, que eram,
hoje à terra-livre estão.
São da terra que a terra
nem sente sua intrusão.

É por se fazerem assim dependentes do aprendizado no nível da construção poética que as experiências nordestina e espanhola de João Cabral
assumem importância estética. É esta lição que o poeta colhe nos diversos
textos que compõem este livro.

Em nenhum deles, mesmo nos mais aparentemente descritivos, é possível destacar a paisagem da figura, ou esta daquela, pois, de fato, o que
as vincula é a aprendizagem de uma linguagem.

Veja-se, por exemplo, o terceiro poema do livro, "Imagens em Castela",
em que *mesa, palco* e *pão* são veículos através dos quais experimenta uma
definição de Castela; mas esta não surge a não ser no momento em que
a relação procurada entre paisagem e figura é possibilitada pela última
imagem experimentada.

A qualidade histórica da paisagem é afirmada desde que o pão, a sua
"maciez sofrida", é percebido do ângulo do fazer, de sua produção por
um homem que a ele confere significação, como está na última estrofe:

E mais: por dentro, Castela
tem aquela dimensão
dos homens de pão escasso,
sua calada condição.

O mesmo ocorre, mas em sentido inverso, com o poema "Encontro com
um Poeta". A partir da apreensão da figura – o poeta Miguel Hernández

– é a paisagem que vem participar de sua definição, começando mesmo pela localização:

> Em certo lugar da Mancha,
> onde mais dura é Castela,
> sob as espécies de um vento
> soprando armado de areia,
> vim surpreender a presença
> mais do que pensei, severa,
> de certo Miguel Hernández,
> hortelão de Orihuela,

em que, se os termos utilizados convergem para a descrição de uma paisagem de rigor – *dura, armado, severa* –, é também ela que impede uma apreensão estereotipada do poeta espanhol. Se, na tradição, a voz do poeta podia ser a de arquitetura, "voz métrica de pedra", cristalizada, como se diz no poema, é o "vento da parameira" que, agora, vem revelar a João Cabral o sentido menos puro daquela voz:

> Não era a voz expurgada
> de suas obras seletas:
> era uma edição do vento,
> que não vai às bibliotecas,
> era uma edição incômoda
> a que se fecha a janela,
> incômoda porque o vento
> não censura mas libera.

Sendo assim, a leitura que faz João Cabral de Miguel Hernández não somente é dependente da paisagem por ele lida, como ainda está orientada para a melhor decifração de uma linguagem – a do poeta espanhol – pela qual a paisagem é, simultaneamente, esclarecida.

É a mesma direção que responde pelo louvor da "paisagem tipográfica" de Enric Tormo, por exemplo, no poema do mesmo nome. Uma espécie de entranhado humanismo, mas um humanismo conquistado que, da imagem do *pão*, usado para a descrição da paisagem de Castela, ao livro artesanal do impressor catalão, é dado na medida em que revela o seu próprio processo, estrito, de conquista.

Neste sentido, a qualidade encontrada nos livros, e que se transfere das vilas, nada tem de demagógica:

> Nas vilas em linhas retas
> feitas a componedor,
> nas vilas de vida estrita
> e impressas numa só cor
>
> (e onde às vezes se surpreende
> igreja fresca e romântica,
> capitular que não quebra
> o branco e preto da página)
>
> foi que achei a qualidade
> dos livros deste impressor
> e seu grávido ascetismo
> de operário (não de Dom).

Na verdade, o que se transfere é antes uma ausência, um sentido não preenchido de existência, do que sobras de um conteúdo de ordem histórica. A lição da tipografia e das vilas são identificadas desde que articuladas por uma mesma linguagem de carência, embora grávida, de significação.

Não se pense, entretanto, que esse jogo de transferência entre paisagens e figuras significa a inexistência de uma hierarquia axiológica: a apreensão da figura pela paisagem, ou desta por aquela (como no caso de Miguel Hernández), só é possível porque a imitação pela linguagem não se conserva à parte do processo, mas, ao contrário, é determinada por ele. E um excelente exemplo disto está no poema "Alto do Trapuá".

De "um mirante que está / bem acima dos ombros das chãs", paisagens e figuras são divisadas pelo olho privilegiado que, "do alto", as identifica. Mas esta identificação, ao contrário de ser um procedimento de desvalia, é mais um elemento de intensificação de uma perspectiva crítica.

Na verdade, a identificação entre a paisagem e a figura que a habita é um momento no processo mais profundo de singularização da miséria através do qual o homem é percebido.

Desta maneira, se, por um lado, a paisagem é dupla, a do oeste, do algodão, da mamona, do abacaxi, do agave, da mandioca e dos avelós, e a do nascente, dos canaviais, por outro, a figura é uma só:

Porém se a flora varia
segundo o lado que se espia,
uma espécie há, sempre a mesma,
de qualquer lado que esteja.

Sendo assim, a identificação revela o seu verdadeiro propósito: na perspectiva "do alto" do Engenho, a indistinção entre flora e figura indica uma leitura parcial da realidade.

A duplicidade da paisagem, deste modo, vem acentuar não apenas o que há de singular na espécie descrita, como ainda a redução da figura ao natural, num processo de reificação:

É uma espécie bem estranha:
tem algo de aparência humana,
mas seu torpor de vegetal
é mais da história natural.

Por outro lado, a identificação com as paisagens, ao contrário de significar a inexistência de uma hierarquia de valores, vem precisamente marcar o modo através do qual uma visão "do alto" nela incorre. Para aquele que, do "alto do Trapuá", goza a variedade da paisagem, a uniformidade da figura é tão incômoda quanto aquela "edição do vento" das obras de Hernández. É o que, de fato, permite a articulação das duas experiências, a pernambucana e a espanhola, que este livro possibilita.

Não é preciso fingir uma história para que as duas paisagens sejam articuladas: o aparecimento do conteúdo, seja espanhol ou pernambucano, é já o índice de um sentido histórico mais substancial, porque ele não vem para o espaço do poema liberto de uma consciência da temporalidade de sua condição.

Assim, por exemplo, no poema "Vale do Capibaribe", a possibilidade de uma narrativa grandiloqüente, no mesmo momento em que é nomeada, é recusada em função de uma historicidade mais radical, menos "literária":

> Vale do Capibaribe
> por Santa Cruz, Toritama:
> cena para cronicões
> para épicas castelhanas.
>
> Mas é paisagem em que nada
> ocorreu em nenhum século
> (nem mesmo águas ocorrem
> na língua dos rios secos).

Por aí se vê em que medida a paisagem não consegue iludir a consciência desperta: embora "cenas para cronicões", o *nada* da segunda estrofe, recusando a aceitação de uma fingida história que aqueles pudessem narrar, estabelece os parâmetros da narrativa de que este poema se encarrega.

É ainda a figura que serve como elemento articulador entre diferenças: se no poema sobre o Engenho Trapuá ela se desvanece por imperativo de uma visão parcial, em outros casos, como no poema "Volta a Pernambuco", ela cristaliza uma perspectiva em que, ao contrário da anterior, as paisagens são, por assim dizer, vencidas pelo homem que as habita.

Sendo assim, se "a maré baixa / nos mangues do Tijipió" lembra ao poeta "a baía de Dublin", se o cais da rua da Aurora faz ressurgir Chelsea ou se as várzeas de Tiuma devolvem "os trigais / de Guadalajara, Espanha", não é que valham por si mesmas mas porque são articulações de um homem que a todas domina, situado numa posição de convergência e de consciência:

> Todas lembravam o Recife,
> este em todas se situa,
> em todas em que é um crime
> para o povo estar na rua,

em todas em que esse crime,
traço comum que surpreendo,
pôs nódoas de vida humana
nas pedras do pavimento.

A memória é, assim, resgatada de sua passividade: o que se lembra nada tem a ver com a nostalgia. Lembra-se antes a carência de liberdade do que a liberdade de estar em todas as partes que a lembrança das cidades pudesse oferecer.

A memória, de que o poeta procurava fugir em seu primeiro livro, *Pedra do Sono*, é integrada não para a satisfação de uma tranqüila nostalgia, mas porque o aprendizado com a carência do objeto permite a linguagem de carência com que trabalha.

No próprio poema "Duas Paisagens", em que define o curso deste livro, Pernambuco se opõe a Catalunha, de "lucidez sábia e clássica", pelo que ali é falta, ausência:

Lúcido não por cultura,
medido, mas não por ciência:
sua lucidez vem da fome,
e a medida, da carência,

e se for preciso um mito
para bem representá-lo
em vez de uma *Ben Plantada*
use-se o Mal Adubado.

Em que medida a realidade pode ser contida no âmbito de uma linguagem que pretende conservar-se nos limites mais estritos de significação?

Pois não é, segundo o poema "Diálogo" deste livro, à lâmina que compete encontrar o objeto, "no avesso do nada, / o uso que as facas completas"?

Os poemas de *Paisagens com Figuras* parecem propor um dos caminhos possíveis para a resposta: a lição da experiência com as paisagens, articulada sempre pelas figuras, é, sobretudo, uma lição de poética.

Lição que permitirá a João Cabral a continuidade de uma obra capaz de ser, ao mesmo tempo, uma "escola das facas" e um andar por Sevilha: Pernambuco e Espanha – leituras, por escrito, à margem de uma consciência sempre desperta.

3

Um Outro João Cabral*

Há muita coisa a aprender com a leitura deste livro de Waldecy Tenório e a primeira é, sem dúvida, o fato de que uma obra poética como a de João Cabral de Melo Neto admite sempre os mais diversos exercícios de interpretação.

Não importa que a sua bibliografia crítica seja das mais extensas sobre um poeta contemporâneo do Brasil (e basta consultar a rica bibliografia levantada por Zila Mamede no livro *Civil Geometria*, em que reúne quase dois mil títulos sobre o poeta até 1982, para se ter uma idéia de sua extensão): é sempre possível, se a correção e o rigor forem respeitados, acrescentar algo de novo e valioso à sua leitura.

E correção e rigor estão na base de *A Bailadora Andaluza: A Explosão do Sagrado na Poesia de João Cabral*, embora, num primeiro momento, possa parecer estranho falar de sagrado acerca de um poeta cujo declarado racionalismo tem tudo para afastar aproximações dessa ordem.

Mas é precisamente aí que entra a habilidade de leitor de Waldecy Tenório: sem deprezar as leituras anteriores, fazendo-as mesmo convergir para o próprio núcleo de suas proposições, a sua leitura busca caracterizar a poesia de João Cabral a partir de uma outra margem, ou seja,

---

* Publicado como prefácio do livro *A Bailadora Andaluza – A Explosão do Sagrado na Poesia de João Cabral*, de Waldecy Tenório, São Caetano do Sul, Ateliê Editorial/Fapesp, 1996.

aquela em que a busca pela razão da poesia não se restringe a uma poesia da razão mas envolve uma ética da solidariedade que o crítico termina por identificar com um movimento de mais profunda, e por isso difusa, religiosidade.

A sagração da poesia, deste modo, tem antes a ver com a radicalização de sua eticidade, por onde ela se define como poesia que aceita os desafios da realidade circunstancial, do que com uma subtração do poeta para os reinos diáfanos da "poesia dita profunda", contra a qual o próprio poeta se voltava na *Antiode* dos anos 1940.

Mas não convém precipitar as coisas, pois o andamento do ensaio de Waldecy Tenório chama antes o remanso de uma leitura sossegada do que a pressa superficial, sempre temerária, e isto é mesmo um de seus encantos: expressar coisas graves (e o que há de mais grave do que o sagrado e tudo o que o rodeia semanticamente?) num tom de quem mantém a desconfiança e teme as grandes certezas e, por isso mesmo, se quer problematizadora e foge ao definitivo e cortante.

Começando por uma descrição do ensaio, creio que os cinco capítulos centrais do livro escondem um método de leitura de poesia que foge ao puro diacronismo da obra do poeta: ao invés de usar os poemas seguindo uma ordem evolutiva de composição, Waldecy Tenório usa os textos conforme a criação de necessidades instauradas pelo próprio andamento da reflexão, preocupando-se antes com o desvelamento temático que os textos vão oferecendo em função de algumas idéias tecidas por perguntas que o crítico faz à obra. Deste modo, pode ser um poema dos anos 1940 que, depois da citação de algum texto dos anos 1990, acrescenta alguma coisa de fundamental para o argumento que está sendo desenvolvido.

Nem mesmo os títulos dos capítulos 2 e 3 ("Longas Pernadas dentro da Noite" e "Gramática e Geometria de Beira-Mar e Sertão", respectivamente), por onde o crítico parece marcar as duas etapas decisivas na formação do poeta – dir-se-ia a *lunar* e a *solar* –, desfazem a impressão de mistura e compreensão mesclada de estilos e visões-do-mundo com que impregna a sua leitura.

Certamente decorrente, em grande parte, de uma filiação crítica que me parece evidente, a da Estilística e daquilo que já se chamou de *Crítica da Consciência*, a de um Poulet, ou de um Starobinski, e que tem a um Gaston Bachelard como seu fundamento (e ele é, *pour cause*, um dos críticos mais citados por Waldecy Tenório), este método de leitura, ao mesmo tempo que permite uma maior flexibilidade por entre um cipoal teórico perigosamente bordejando a ortodoxia, e não poderia ser diferente quando se trata de mexer com assuntos teológicos e outros assemelhados, possibilita também o enriquecimento reflexivo acerca de uma obra, por assim dizer, enrijecida pelas aproximações lingüísticas e estruturais de várias espécies. Deste modo, cria-se um espaço para a recuperação de alguns traços da poesia de João Cabral que foram recalcados pelo zelo e rigor das leituras ditas intrínsecas.

Escrevi "recalcados" de propósito, pois não acredito na existência absoluta das leituras que se dizem intrínsecas: o que ocorre é que aqueles traços são conservados, às vezes, entre parêntese, por força de uma leitura que visa ressaltar antes elementos da composição, de como está feito o poema, do que aqueles que se referem a um dizer, que também é o texto. Por sua vez, ressaltar não significa eliminar do horizonte de leitura aquilo que diz o texto; significa antes apontar para a dependência entre fazer e dizer, embora, naquele momento da leitura, seja acentuado o pêndulo do primeiro.

Sabendo fazer convergir para a sua leitura tudo aquilo que resultou de uma já forte tradição crítica acerca da formalização da poesia de João Cabral, seus discernimentos lingüísticos, seus jogos metalingüísticos e metafóricos, suas aporias estruturais, Waldecy Tenório toma o seu objeto a partir de um patamar ostensivamente anticabralino, conforme aquela tradição, e se pergunta como a sua poesia responde à questão mais ampla e agônica das relações entre o poético e a existência, seja a da concretização entre os homens, seja a da transcendência entre os homens e o próprio divino. Deste modo, o seu horizonte é marcadamente teológico, naquele sentido que se pode extrair de uma frase de Husserl em carta a D. M. Feuling, escrita em 1933: "Filosofia Genuína é *eo ipso* Teologia". O *dictum* husserliano é radical pois está ancorado em toda a tradição do idealismo transcendental alemão: entre a genuína filosofia e a teologia está a cláusula latina que cria a determinação, uma espécie de *imperativo categórico* renovado.

Menos radical, porque intermediada pela própria operação poética, é a hipótese de relação entre poesia e teologia, considerando a obra de João Cabral, que está formulada aqui neste livro de Waldecy Tenório. Diz ele, no final do primeiro capítulo, precisamente intitulado "A Teologia e a Outra":

A hipótese a que se alude atrás é a seguinte: João Cabral começa a escrever numa atmosfera noturna e de sonho. Aos poucos, diante da impossibilidade de manter o domínio da consciência sobre o que escreve, evolui para uma poética solar, geométrica, "as emoções irremediavelmente desertas", de uma quase desesperada lucidez. Mas como

O poema, com seus cavalos,
quer explodir

logo se reafirma a opção antropológica latente desde o início em sua obra. Teologia à vista. Uma afirmação é teológica não por se referir a um ser particular a quem chamamos Deus, mas por exprimir o sentido último de nossa experiência pessoal. Assim, quando o poeta volta-se para o outro e diz:

há apenas esta gente
e minha simpatia calada

sua obra vai aos poucos "abrindo-se em mais saídas" em direção ao Outro que é o objeto de nossa nostalgia.

É de que vão tratar os capítulos 2 e 3 já nomeados: no primeiro, considera-se a obra de João Cabral desde *Pedra do Sono*, de 1942, até, aproximadamente, o tríptico de 1947, *Psicologia da Composição*, *Fábula de Anfion* e *Antiode*, e é o seu período, por assim dizer, e usando uma expressão do gosto de Waldecy Tenório, *lunar*; no segundo, a partir, sobretudo, do livro *O Engenheiro*, de 1945, a definição do capítulo é colhida pela maior intensidade da construção e da crise da comunicação poética que se revela no tríptico de 1947 e que corresponderia, por simetria, a um período *solar* do poeta. Mas esta divisão, como já se disse, é antes minha do que de Waldecy Tenório: é muito livremente, dentro da obra de João Cabral, que ele vai apanhando aqueles poemas que interessam e ilustram os seus argumentos, sem nenhuma preocupação evolutiva.

O fundamental é que, no capítulo 2, ele reconstrói os inícios de uma poesia, ainda se debatendo por entre sonos e sonhos, imagens oníricas, presenças de uma região sentida por entre livros e quadros, mas não ainda suficientemente vivida para se operar o aparecimento de *correlatos objetivos*, para usar uma expressão de T. S. Eliot, que também vem citado no começo do capítulo (e a citação é do livro *The Sacred Wood*, mais precisamente do ensaio "Tradition and the Individual Talent", que é de 1919, e não de 1920, data de publicação no livro mencionado), como vai acontecer com a obra de 1950, *O Cão sem Plumas*, livro curiosamente pouco lido pelo crítico, que a ele prefere a leitura extensiva de *Morte e Vida Severina*, com que desenvolve grande parte do capítulo 4, "Podem contar tudo à Casa-Grande".

De qualquer modo, é neste capítulo que Waldecy Tenório vai encontrando elementos para a sutura, na obra de João Cabral, entre dizer e fazer que será responsável pela maturação da consciência do poeta que, enquanto poeta, começa a abrir a sua poesia para a experiência do outro e do mundo. Enquanto poeta: e Waldecy Tenório não deixa de acentuar o aprendizado formal na poesia de João Cabral que lhe foi permitindo elaborar uma fala social, e mesmo política, sem perder o controle da composição. Ainda no capítulo 3, está a observação de Waldecy Tenório:

Entretanto, convém insistir, João Cabral será sempre o poeta do rigor:

A verdade é que na poesia
de seu depois dos cinquenta,
nessa meditação areal
em que ele se desfez, quem tenta
encontrará ainda cristais,
formas vivas, na fala frouxa,
que devolvem seu dom antigo
de fazer poesia com coisas.

Nessa poesia, raro é encontrar-se aquela "voz de vogais doçuras" que se encontra sempre em Guimarães Rosa. Nela, se se pode evocar Flaubert, é aquele para quem as consoantes do deserto são ásperas como os gritos do chacal.

Finalmente, no capítulo 5, "No Dorso da Dança", recorrendo a poemas como "A Quevedo", "O Último Poema", e sobretudo "Estudos para uma Bailadora Andaluza", mas ainda a "De um Avião", "Pernambuco em Mapa", "Descrição de Pernambuco como um Trampolim", "Pescadores Pernambucanos", "A Lição de Pintura" e "Poesia", que compõem o *corpus* de poemas cabralinos utilizados por Waldecy Tenório nesta passagem de seu livro, a discussão centra-se, sobretudo, em torno da reflexão acerca da transcendência da poesia, chamando temas como o da inspiração poética, dos jogos do inconsciente pessoal ou coletivo que são convocados para os momentos de criação (e aqui o grande débito teórico de Waldecy Tenório é computado a Jung, com passagens por Eliade, Gusdorf ou Octavio Paz), abrindo as portas para o sentido maior de seu trabalho, qual seja, o de identificar a poesia de João Cabral em termos de uma busca teológica que passa pela verticalização (termo central nas derradeiras reflexões de Waldecy Tenório) dos compromissos éticos assumidos pelo poeta. Por isso, pode ele afirmar nas últimas frases deste capítulo:

> Teólogo inconfessável? Tudo talvez se mostre mais claro – ou mais obscuro – se lembrarmos, com Merleau-Ponty, que a religião faz parte da cultura, não como dogma nem como crença, mas como grito. É também assim que a teologia está presente na poesia de João Cabral. O poeta grita até mesmo no quarto dos santos e chega a temer que isso seja blasfêmia [aqui Waldecy Tenório está se referindo ao que é dito no poema "Autobiografia de um Só Dia"]. Não é. Blasfêmico teria sido o silêncio. Esta poesia, ao contrário, fala a linguagem da teologia de (Karl) Rahner, para quem a vida, com seu valor sacramental, é e será sempre paixão incompreensível. Por isso, ao dizer ao retirante que pule para dentro da vida, Seu José mestre carpina na verdade está dizendo:
> – Vamos, Severino, apanha esse grito que ele.

Sendo assim, a "explosão do sagrado", de que se diz no subtítulo do livro, é a formação, na obra de João Cabral, de um espaço de significação onde fosse possível articular o rigor da composição poética, seus compromissos com a forma, seus perigos de solipsismo, suas recusas temerárias das circunstâncias casuais, e o mais amplo discurso de uma realidade carente, sem voz, sufocada pelo desespero ácido de uma região de atraso e injustiça social, a que o poeta empresta toda a virtuosidade de uma criação iluminadora.

Mas esta não é, no limite, a grande função cultural do poeta?

O que também se aprende com este livro de Waldecy Tenório é a força de se dizer isso, sem rebuço e de maneira apaixonada. Por entre personagens de Camus, Sartre, Calvino ou Valéry, conduzindo a sua prosa com um desafogo que até mesmo inclui citações do Inspetor Maigret, mas sem esquecer aqueles geógrafos da região que traçaram cartografias da fome e da miséria, como Josué de Castro ou Manuel Correia de Andrade, nem os ilutres teólogos e Padres da Igreja que constituem o fundo de sua formação, Waldecy Tenório aponta para um fato que sempre deveria estar presente na reflexão de todos aqueles que são leitores de literatura: não existe *a* leitura de um autor, mas possibilidades de leitura que, por isso mesmo, confirmam a sua riqueza.

Desde que não estejam ausentes os critérios de correção e rigor, substratos de uma coerência fundamental, como demonstra, sem sombra de dúvida, este livro.

4

Um Pomar às Avessas*

É uma poesia que vem de longe, de muito longe.

E não me refiro apenas ao fato de que Micheliny Verunschk, nascida em Recife em 1972, vive na fronteira do sertão pernambucano do Pajeú, na ensolarada e bela cidade de Arcoverde.

A distância de que falo tem antes a ver com o tempo do que com o espaço e é elemento intrínseco desses poemas agora reunidos. Uma distância no tempo que confere a esses poemas a sua originalidade, transformando a poeta numa presença singular por entre o caos da atualidade.

Um pouco na direção daquilo que foi anotado por Paul Valéry, em um de seus textos sobre Mallarmé:

> É que a poesia vincula-se, sem nenhuma dúvida, a algum estado dos homens anterior à escritura e à crítica. Encontro, pois, *um homem muito antigo* em todo poeta verdadeiro: ele ainda bebe nas fontes da linguagem; inventa versos, um pouco como os primitivos mais bem dotados deviam criar palavras, ou ancestrais de palavras.

Neste sentido, é possível dizer que aquilo que a poesia articula em termos temporais é triádico: um tempo do poeta, com suas circunstân-

---

* Publicado originalmente como prefácio do livro *Geografia Íntima do Deserto*, de Micheliny Verunschk, São Paulo, Landy, 2003.

cias e acidentes biográficos, um tempo da poesia, que transcende aquelas circunstâncias e acidentes e se radica na própria intemporalidade da existência da linguagem poética, por onde é relida a tradição, e um tempo do poema que concretiza qualquer tipo de abstração com que se envolve o poeta e a poesia.

O "homem muito antigo", de Valéry, o seu "poeta verdadeiro", parece ser, portanto, aquele que se posiciona no vértice do triângulo, fazendo com que a poesia irrigue, com a mesma intensidade, cada um de seus lados.

Sendo assim, quando Micheliny Verunschk intitula de *Geografia Íntima do Deserto* a reunião de seus poemas, ao mesmo tempo que recupera para um novo espaço uma certa tradição da poesia que, sobretudo com o João Cabral da *Psicologia da Composição*, busca, na trilha de Paul Valéry, por assim dizer, esterilizar o campo da poesia, tal como se afirmava como aspiração do personagem Anfion, numa das partes daquela obra, insere a intimidade, com todas as suas modulações hesitantes, por entre uma possível geografia do deserto.

Não é, portanto, o que escreve ou deixa de escrever o deserto, sua *geo-grafia*, aquilo que importa: é como, deserto, campo de presumível esterilidade, deixa aflorar figurações da intimidade. Ou, para citar o João Cabral da "Fábula de Anfion":

> Sua mudez está assegurada
> se a flauta seca:
> será de mudo cimento,
> não será um búzio
>
> a concha que é o resto
> de dia de seu dia:
> exato, passará pelo relógio,
> como de uma faca o fio.

Ou, como está, ainda de modo mais explícito, na oitava e última parte da "Psicologia da Composição":

> Cultivar o deserto
> como um pomar às avessas

(A árvore destila
a terra, gota a gota;
a terra completa
cai, fruto!

Enquanto na ordem
de outro pomar
a atenção destila
palavras maduras.)

Cultivar o deserto
como um pomar às avessas:

então, nada mais
destila; evapora;
onde foi maçã
resta uma fome;

onde foi palavra
(potros ou touros
contidos) resta a severa
forma do vazio.

As três partes deste livro, todas precedidas de fragmentos de um texto que vai se organizando como fábula de desaparecimento e de final apreensão pelo rebaixamento daquilo que, acariciado como obra de arte autêntica, não era senão "reprodução barata", operam no sentido de instaurar, por entre o deserto, aquela "outra ordem" cabralina em que seja possível cultivar "um pomar às avessas".

E esta ordem, poética por excelência, não é senão a de deixar a linguagem encontrar, depois da esterilização a que foi submetida, o ângulo de abertura apropriado através do qual seja possível nomear o tumulto da experiência.

No entanto, passada pelo crivo daquela esterilização, a nomeação do tumulto não é uma nomeação tumultuada: a experiência que se configura através da linguagem, e que é o poema lido pelo leitor, é, para dizer com T. S. Eliot, o correlato objetivo e sensível da nomeação poética.

Ou, para dizer de outra maneira, entre experiência e nomeação poética passa uma espécie de tranqüila adequação, de onde resulta o singular decoro destes poemas: a intimidade é, por assim dizer, conservada nos limites da discrição, sem que, em nenhum momento, seja diminuído o impacto de sua figuração.

Eis, portanto, um interessante e aparente paradoxo: uma poesia da intimidade, como esta sem dúvida é, não é necessariamente uma poesia intimista ou de intimidades.

E isso porque a intimidade está antes no difícil e delicado jogo entre experiência pessoal e construção pela linguagem de um espaço de traduções recíprocas em que as reverberações léxicas, sintáticas e sonoras não deixam brechas para o caos que costuma se apossar das expressões de intimidades.

Uma poesia íntima, mas do deserto, e não do ou da poeta como subjetividade que venha se escancarar diante do leitor por uma linguagem de desafogo desabrido. Uma intimidade que vem preencher aquela "severa forma do vazio", tal como percebida por João Cabral, sem que ocorra o seu esquecimento; pelo contrário, existindo intensamente nas dobras de uma outra ordem que o poeta chamou de *pomar às avessas*.

Leiam-se, por exemplo, os dois poemas que constituem a parte *Geografia Íntima do Deserto*, que dá título ao livro: "O Corpo Amoroso do Deserto" e "A Presença Dolorosa do Deserto".

No primeiro, o deserto é nomeado através de alguns de seus atributos e serve para estabelecer um sistema metafórico em que "areias cortantes", "água cristalina" da miragem, "escorpiões de fogo e sol", traduzindo a grafia do deserto, fisga os atributos da paixão que, começando por um *corpo / branco e morno*, e tendo a força de ferrões, cria mais o desejo do que a realização, como está dito nos últimos versos:

Ferroam a minha pele
escorpiões de fogo e sol
com seu veneno
e vejo,
magoada de desejo,
os grãos tão leves
indo embora ao vento.

De tal maneira se embaralham os atributos – do deserto e da paixão – que "o corpo amoroso do deserto", título do poema, cria a certeza de um outro corpo ("que eu deveria dizer sereno"), que o leitor preenche, como uma "severa forma do vazio", pela leitura das tensões de intimidade que, do modo mais discreto possível, acena para o ápice da paixão, "magoada de desejo", embora malograda e, mais uma vez, nomeando um último atributo do deserto: o vento: "indo embora ao vento".

Já no segundo poema, embora a criação de símiles seja o núcleo impulsionador do texto – "Como uma pérola / ou um gesto no vazio. / Como o amargo azul / e tudo quanto há de ilusório" –, há mais radicalidade metafórica do que no poema anterior, sobretudo pela redução que se dá dos atributos possíveis do deserto pela condensação que está no primeiro e oitavo versos: "Teu nome é meu deserto".

Não mais, como no primeiro poema, uma leitura de preenchimento daquela "severa forma do vazio" cabralina, mas a asserção primordial e definitiva de uma identificação: entre nome e deserto, o que agora se relaciona, como sentido e percepção, "dentes agudos, sóis raivosos, suas letras, setas de ouro e prata", já não são atributos externos do deserto, mas funções de uma intimidade radical: "incrustado no meu próprio território", como está no terceiro verso.

Mais uma vez: assim como ocorria, no poema anterior, entre deserto e paixão, aqui algo de semelhante se dá entre nome e deserto, isto é, uma intensa reciprocidade, de tal maneira que se esgarçam os referentes pela instauração da metáfora.

Releia-se, para exemplo, a segunda parte do poema, aquela que se inicia com o oitavo verso.

Embora a qualidade de vastidão seja, de imediato, pensada para deserto, no poema já não se tem certeza: ela pode estar sendo atribuída legitimamente ao nome, tanto quanto dentes, sóis e, sobretudo letras porque, transformadas em setas, são repetidas ritualisticamente como um "terço de mistérios dolorosos".

Deste modo, creio que a leitura mais detida desses dois poemas deixa ver um mecanismo essencial de construção dessa poesia de Micheliny Verunschk e que a vincula ao tempo da poesia referido no início: não uma poesia de atualidades ou, como já se disse, de intimidades, mas que cava fundo nos dispositivos da linguagem, reatualizando aquilo que é, para sempre, traço fundante de poeticidade, ou seja, o alcance e os limites da própria nomeação.

Assim, por exemplo, é possível encontrar, em numerosos textos deste livro, invenções de imagens que realizam, com grande beleza e propriedade, a função da poesia como instrumento privilegiado daquela nomeação.

É, para citar apenas alguns, aquilo que está no poema "Seca" (ou "O Boi e a Quaresma") em que o sol é percebido pelo animal como "imenso carrapato / agarrado no azul", ou em todo o poema "Face", em que os "ferrolhos e as abelhas", da primeira estrofe, respondem pelo que se diz na segunda

> Saber o deserto
> e mais ainda: tê-lo.
> Conquistar seus ferrões de areia
> sua gula seca e oca tempestade.
> (Penetrá-lo com suas íntimas chaves)

ou em "Noite", onde o protagonista é o mar depois da faina diária:

> O mar
> fareja e fareja
> restos de sol sobre a areia.
> O mar,
> sextina negra, sextina eterna e negra:
> Galatéia.

ou o poema "Dor", com a sua magistral nomeação de *verme de arame*, de grande intensidade:

> Subindo pelas narinas
> a dor, este verme de arame,
> rasteja e pinga ovos
> foscos

latejantes.
Seqüestra-me, a dor.
Sabe-me, a vadia.

Leia-se ainda o poema "Darkness", com seus quatro últimos versos realizando um verdadeiro *tour de force* metafórico para a nomeação da desesperança e do medo:

O sono,
grande placa de cerâmica
e o tempo,
demônio a ranger sobre o infinito.

Mas essa notável força de nomeação pode estar em poemas menos dramáticos ou, pelo menos, naqueles em que comparecem também momentos mais lúdicos. Leia-se "Cena Suburbana":

Os deuses dos olhos do gato
inquirem a alma da costureirinha
e lambem as mãos do triste:
e quão escuro é o poço
em que mergulham aquelas mãos,
sabem os deuses,
e por isso mesmo se aconchegam nelas.

A costureirinha, não,
não lhes dá intimidades
e enxota o gato
que com ardis de homem,
ondula macio entre as suas pernas.

Chega, entretanto, de retardamentos. Que o leitor passe a explorar por si mesmo toda a riqueza que está neste livro de estréia. Um livro que, como o leitor há de ver, passando pelos desafios da esterilidade daquela "severa forma do vazio", que só se aprende com a experiência do deserto, constrói um belo e fértil "pomar às avessas".

5

❖

A Poesia Afiada de Alberto Pimenta*

São dois os Albertos que conheço pessoalmente e admiro muito na poesia contemporânea de Portugal, ambos apresentados por Augusto e Haroldo de Campos: Alberto de Lacerda, que nasceu em Moçambique, em 1928, passou grande parte da juventude na Inglaterra e hoje se divide entre Boston, onde é professor emérito na Universidade, e seu apartamento de Londres, repleto de livros e quadros, e Alberto Pimenta, nascido na cidade do Porto, em 1937, tendo passado alguns anos na Alemanha, fugindo da repressão salazarista, e onde lecionou em Heidelberg, e que vive em Lisboa, onde é professor na Universidade Nova e escreve crônicas jornalísticas.

Embora bastante conhecidos e reconhecidos em Portugal, ambos não tiveram muita sorte editorial no Brasil e, até onde sei (a não ser com a exceção de *O Discurso do Filho-da-Puta*, de Alberto Pimenta), nenhum dos dois teve obra publicada por aqui. O que, dada a qualidade das obras de que são autores, representa uma tremenda lacuna para o leitor brasileiro.

São poetas muito diversos um do outro, embora ambos sejam caracterizados pessoalmente por um extraordinário senso de humor e por uma visão ampla e universal da literatura e da arte que os singulariza sobre-

---

* Publicado originalmente como apresentação de *A Encomenda do Silêncio*, de Alberto Pimenta, São Paulo, Odradek Editorial, 2003.

modo dentro do contexto às vezes estreitamente provinciano da literatura em língua portuguesa.

Alberto de Lacerda, por exemplo, dada uma grande experiência com a literatura e as artes seja na Inglaterra, onde foi amigo dos irmãos Edith e Osbert Sitwell que reuniam em sua casa os mais famosos escritores e escritoras de língua inglesa (e Alberto de Lacerda, cheio de humor, gosta de narrar um jantar em que se sentou, a pedido da anfitriã, ao lado de T. S. Eliot, então recente Prêmio Nobel), seja nos Estados Unidos, onde lecionou, antes de Boston, na Universidade do Texas, em Austin, e onde conviveu intimamente com personalidades intelectuais do porte de um Roman Jakobson ou de um Octavio Paz, teve o seu primeiro livro de poemas, 77 *Poems*, editado em Londres, em 1955, pela prestigiosa George Allen & Unwin, traduzido e prefaciado pelo célebre estudioso e tradutor da literatura chinesa Arthur Waley. Livro que foi saudado, quando de sua publicação, por um poeta como René Char, que escreveu:

> Se às vezes é temerário antecipar quais homens possuem uma voz **universal** numa época de relativa sabedoria, de regras bem estabelecidas, por outro lado, a evidência de obras de grande poder, em épocas conturbadas, imediatamente se apodera de nossa sensibilidade e de nossa crença. A poesia de hoje, de amanhã, na Europa, é representada por uma quinzena de nomes; a Alberto de Lacerda nós estamos de acordo em dar justamente uma qualificação de universal. Sua obra realiza o universal na medida em que o desenvolve e institui esse desenvolvimento.

De fato, a poesia de Alberto de Lacerda, e este é um traço que já estava presente em seus primeiros livros (escritos quando o poeta ainda não ultrapassara os vinte e poucos anos), é, sobretudo, uma poesia do canto, em que música e semântica parecem sempre conviver em bela e intensa harmonia, beirando quase sempre o intimismo, mas sabendo ultrapassá-lo por uma voz que busca e alcança a universalidade.

Não obstante a origem africana, e sabendo fazer comparecer, em sua poesia, a sua "ilha de Moçambique", como a seu país de nascença se refere no soneto que leva este título, não há limites geográficos para o canto: dir-se-ia que o seu é antes o país da própria poesia, seus limites são traçados pela alusão a outros poetas e outras imagens que o povoam de rarefeitas significações, de delicadas entoações da sensibilidade. Leiam-se, por exemplo, apenas os dois últimos tercetos daquele soneto:

> Trouxe de longe o palácio sepulto,
> A cobra semi-morta, a bandarilha,
> E esqueci poços, prossegui oculto.
>
> Desdém que envolve por completo a quilha,
> Sou bem o rei saudoso do seu vulto,
> Vulto que existe infante numa ilha.

Sendo assim, embora renovadora na medida em que toda poesia responsável não o pode deixar de ser ao abrir sulcos na realidade que somente através daquele poeta e daquela poesia seriam e são abertos, a poesia de Alberto Lacerda, por assim dizer, conserva-se nos limites da reverência poética com relação à história e à tradição da linguagem da poesia.

O que, se repita, não significa dizer estagnada, nem mesmo mesmerizada pela tradição: a força da individualidade do poeta é de tal ordem que aquelas, a história e a tradição, são antes transformadas em seivas produtoras da inovação subjetiva do que em quadros estáticos e objetivos.

Por ser precisamente uma poesia do canto, para Alberto de Lacerda a linguagem do poema está sempre em busca de um espaço e de um tempo que a transcende: uma linguagem que procura a metáfora que, com maior eficácia, possa dizer das contorções intensas com que se debate o desejo do canto.

Não é este o caso do outro Alberto, o Pimenta, de quem agora, felizmente, se publica, pela primeira vez no Brasil, uma antologia capaz de oferecer ao leitor brasileiro uma amostragem de uma poesia singular por várias razões, uma das quais, sem dúvida, diga-se logo, é a concretização de uma linguagem de irreverência que, em seus limites, aponta para uma espécie de antipoesia, no sentido em que utilizava o termo o poeta chileno Nicanor Parra, e que, entre nós, ficou sendo a marca, sobretudo depois dos poemas publicados em 1947 (*Psicologia da Composição*, *Fábula de Anfion* e *Antiode*), de João Cabral de Melo Neto.

Uma antipoesia que não se descola de uma tendência simultânea para a sátira e para o silêncio: ou, melhor, para o risco do silêncio ou aquela *severa forma do vazio*, de que fala João Cabral numa das partes da *Psicologia da Composição*.

Creio mesmo que Alberto Pimenta vai ainda mais longe e nesse ir se encontra com uma grande tradição da própria poesia portuguesa, qual seja, a dos cantares de escárnio e maldizer, que sempre ressurge nos melhores momentos da tradição em geral da poesia em língua portuguesa, aí se incluindo a brasileira, desde um Gregório de Matos até um Oswald de Andrade, passando por alguns momentos de estranheza no romantismo de um Álvares de Azevedo, para não mencionar a um Souzândrade e sua crítica cáustica de Wall Street, e a um Pedro Kilkerry e seu devastador anti-simbolismo.

Desde *O Labirintodonte*, seu primeiro livro de poemas, de 1970, Alberto Pimenta já dizia a que vinha: não era somente uma poética de contestação, ainda que o fosse, mas era uma fundição que se fazia à base de muita irreverência e experimentação, não havendo distanciamento entre os conteúdos irreverentes e a própria irreverência formal.

Como se, desde o início, o poeta percebesse que nada mais irreverente do que uma organização poética capaz de rachar com uma certa tranqüilidade de recepção por onde os conteúdos mais fortes e contestatórios eram pacificados.

Assim, a própria definição do labirintodonte, que vem oferecida com escândalo ao leitor, sendo o texto da quarta página do livro, era uma desmontagem do culto à racionalidade quando se alude ao *dictum* cartesiano nas últimas frases do texto:

o labirintodonte
não é uma ave
de emigração
como o porfirião.
nem um
mamífero petulante
como o elefante
nem um
réptil repelente

como a serpente.
o labirindodonte
anda de pé
como o
chimpanzé
e o sagüi
e é o pretendente
de
la vache qui rit.
é um bicho
de seu natural pensativo
pois precisa
de pensar
para saber
que está vivo.

A partir desse livro, uma edição do próprio autor depois de seu regresso a Portugal, até os anos 2000, foram quarenta livros publicados, incluindo poemas, textos em prosa, ensaios de teoria e performances, todos caracterizados por uma intensa experimentação com a linguagem (aí transparecendo a intimidade do poeta para com as mais recentes teorias da semiótica e de poéticas as mais diversificadas) e a expressão de uma total inadequação para com o sistema de valores sociais e morais estabelecidos.

Por isso mesmo, é muito difícil resumir a trajetória poética de Alberto Pimenta: não só a sua presença nos quadros da poesia contemporânea de Portugal, talvez como resultado precisamente de sua multiplicidade, parece apontar para uma inexistência, traço argutamente explorado por Pádua Fernandes, o organizador desta antologia, no posfácio que a acompanha, mas ainda a sua enorme variedade dificulta uma definição de síntese apropriada. O próprio poeta parece apontar, por outro lado, para isso ao intitular a edição de seus poemas reunidos de *Obra Quase Incompleta*, publicada em 1990 pela Fenda Edições.

Para Alberto Pimenta, como também observou Pádua Fernandes, não vale a percepção de uma obra em fases, "não há fases nesta poesia, Pimenta nasce como Palas, já armado e sábio", diz Fernandes, sendo antes um bloco temático que vai se desdobrando ante o leitor como uma procura infindável de núcleos da personalidade poética. Uma transformação, "ao vivo", de vida em linguagem, com tudo o que isso possa representar de risco para a poesia. Daí a importância, no poeta, das performances de intervenção e leituras de poesia: uma maneira de alargar o discurso poético pela inclusão da presença pessoal, transformando a personalidade em mais um signo da comunicação poética.

Mas não há solipsismo nessa poética: a personalidade que se vai configurando nos textos não é independente de uma rasgada e intensa abertura para o sentimento público, não apenas *do* público, mas de uma totalidade social e contemporânea com que convive o poeta.

É, por isso, uma poesia de teor social, embora se se quisesse um rótulo para definir o que existe de social em suas entranhas o melhor seria chamá-la de anarquista.

Irreverência, desobediência e anarquia, eis os parâmetros de conteúdo da poética de Alberto Pimenta.

Tudo isso, entretanto, e por onde sobressai o valor mais íntimo de seus textos, sob o estrito controle de uma inteligência (e, portanto, de uma consciência) alerta para os processos de composição, desde que não se trata de uma poesia de expressão, mas de crítica contínua da expressão. Que o leitor confira tais afirmações pela leitura de um texto como o primeiro desta antologia, *O Meu Centro de Gravidade*, sobretudo se se fizer acompanhar desse notável poema intitulado "Romantismo", por onde se vê que a poesia crítica é necessariamente uma crítica da poesia:

> o público dá grande valor às florestas e às virgens.
> a história resulta sempre se o autor puser uma virgem
> à entrada da floresta ou uma floresta à entrada da v
> irgem, para depois apresentar a virgem no meio da flor
> esta ou a floresta no meio da virgem e finalmente mos
> trar a virgem à saída da floresta ou a floresta à sa
> ída da virgem. os artistas mais ousados apresentam a
> floresta em cima da virgem ou a virgem em cima da flo
> resta. o público verifica então que o universo possui
> tudo quanto é necessário para bastar-se a si mesmo

Por outro lado, o melhor exemplo da convergência das linguagens da poesia e da performance pública está no livro *Homo sapiens*, de 1977 (de que o leitor da antologia pode ter uma idéia pela leitura do texto "jardim zoológico", a que se acrescentou também, na antologia, uma outra operação performática e que se pode ler sob o título de *"vox populi vox dei"*), que não apenas inclui as frases do espantado público ao ver o poeta encarcerado, mas à vontade, numa jaula do zoológico, ao lado de chimpanzés e gorilas, mas relatos da recepção da obra.

O outro texto corresponde à operação em que o poeta, dentro de um saco colocado à porta da Igreja dos Mártires em Lisboa, era posto à venda aos olhos e ao caminhar do público, quase sempre, estarrecido.

Em ambos os casos, a função das performances, ao mesmo tempo que surpreende por envolver a própria presença isolada do poeta, obriga às reflexões críticas por parte do espectador, seja instaurando o espanto e a descrença diante do que vê, seja refletindo sobre os significados mais amplos, como a redução ao nível animal do homem ou mesmo a sua desvalorização ao se propor à venda.

Todas essas experiências, entretanto, são atravessadas por aquilo que dá consistência maior à sua leitura enquanto linguagem da poesia: o humor a serviço da sátira e da crítica social.

Como exemplo desse humor, e articulado com uma preocupação central nos escritos de Alberto Pimenta, isto é, a definição de uma identidade portuguesa, aproveito para narrar o que me ocorreu em minhas relações de amizade com o poeta.

Visitando Alberto Pimenta em seu apartamento em Lisboa, num mês de janeiro, e sabendo ele de minha filiação portuguesa, ele me perguntava o que, para mim, seria a característica principal do ser português. E como eu dizia não ter pensado no assunto, ele propunha como principal característica o pessimismo. E dava o exemplo. Se chamasse o pai para ver que belo dia de sol fazia numa manhã de janeiro, quando é inverno em Portugal, ele responderia: vais ver amanhã!

Voltando ao Brasil, meses depois recebi uma carta do poeta que começava da seguinte maneira: "ontem vi a primeira borboleta da primavera deste ano. Mas um português, daqueles que conheces muito bem, sussurrou-me aos ouvidos: não será a última do ano passado?!!"

Na verdade, esta pequena anedota não difere muito daquilo que está em alguns textos desta antologia. Basta que o leitor percorra textos como os já citados fragmentos do *Homo sapiens* ou um poema como *Semiótica*, para perceber em que medida a intensidade daquilo que é transmitido é, em grande parte, dependente do sentido para um humor corrosivo, ou mesmo cáustico, que atravessa os textos.

Humor que garante aos textos não apenas uma enorme capacidade de interlocução com o leitor, mas que desfaz qualquer traço de solenidade na expressão de conteúdos complexos e problemáticos sempre presentes na poética de um autor que foi capaz de erigir reflexões densas e de longo alcance como aquelas que estão no livro de crítica e teoria, o primeiro por ele publicado nessa direção, intitulado *O Silêncio dos Poetas*.

Não é, portanto, um humor de traço apenas anedótico, mas um modo de conhecer e interpretar a realidade no melhor sentido crítico: seja a da crítica à religiosidade, como está, em *A Visita do Papa*, seja a da identidade portuguesa, como em *O Bestiário Lusitano*, seja a da mais ilustre tradição literária de Portugal, como está em *Camoniana*, seja como está num trabalho de edição de textos, como ocorre no notável *Musa Antipombalina*.

Nada parece escapar à poesia e à arte de Alberto Pimenta porque ele realiza, sem descanso, a união essencial entre poesia e crítica com a qual, pelo menos desde Baudelaire, se constituem as melhores poéticas.

Nem mesmo o que nessa poesia beira o escatológico é produto de uma gratuidade: não é uma incapacidade de apreensão da linguagem, como às vezes ocorre em literatura em que ela é dominante, mas uma necessidade que se manifesta na adequação entre a irreverência e a composição poética. O seu alargamento para onde são imantados novos e urgentes significados.

Percorrendo vagarosamente os textos desta antologia, o leitor será capaz de sentir como, por entre a sujeira do mundo, o instrumento de limpeza – um instrumento sempre precário correndo riscos –, há de ser aquela "faca só lâmina", inventada por João Cabral, mas compartilhada por toda a poesia que resiste à mistificação, com a qual o poeta vai cortando a própria carne do mundo e de si mesmo.

Mas, como se costuma dizer no Nordeste do Brasil, não pode ser uma faca cega: ela deve ser afiada para poder dá conta de uma visão de complexidade crítica.

Uma faca afiada pela consciência de seu uso que não é outro senão deixar aflorar, para o leitor, uma utilidade radical da poesia: fazer do leitor um participante ativo das irreverências e inadequações do poeta numa sociedade pacificada pela hipocrisia e pelo pensamento conformista.

Se fizermos nossa a expressão do próprio Alberto Pimenta, diremos que o seu "centro de gravidade" está nessa dolorosa e tensa percepção do uso da poesia e da arte.

Uma poesia que, sem cessar, está passando por aquela antiga pedra de amolar (a realidade e suas possíveis representações) da qual resulta o que há de afiado em sua constituição. A poesia afiada de Alberto Pimenta.

III

I

As Tensões de Osman Lins*

A OBRA LITERÁRIA DE OSMAN LINS, compreendendo contos, romances, peças para o teatro e a televisão e ensaios de crítica literária e de cultura, desde *O Visitante*, de 1955, até *A Rainha dos Cárceres da Grécia*, de 1976, passando pelo livro de contos *Os Gestos*, de 1957, tem sido vista por seus estudiosos como correspondendo a duas etapas diferenciadas pela própria experiência de vida do autor.

A primeira, até 1961, quando publica *O Fiel e a Pedra*, seria, por assim dizer, o período em que, vivendo no Nordeste, ajusta as suas contas com toda a rica tradição da ficção dos anos 1930.

A segunda, incluindo a experiência européia dos inícios dos anos 1960 (de que daria notícia no livro *Marinheiro de Primeira Viagem*, de 1963) e sua transferência definitiva para São Paulo em 1962, seria marcada pela publicação das narrativas reunidas em *Nove Novena*, de 1966, início de uma experiência com a literatura que culminaria com a publicação, em 1973, do romance *Avalovara*.

(Diga-se, entre parêntese, que, ainda em Recife, em 1961, havia estreado no teatro com a peça *Lisbela e o Prisioneiro*, a que se seguiriam, já em São Paulo, outras obras teatrais, tais como *A Idade dos Homens*, de

---

* Publicado no "Suplemento Cultura" do *Diário Oficial do Estado de Pernambuco*, maio/junho de 1998.

1963, *Guerra do "Cansa-Cavalo"*, de 1967, *"Capa-Verde" e o Natal*, do mesmo ano, e *Santa, Automóvel e Soldado*, de 1975.)

Por outro lado, no mesmo ano de 1966 em que publicou *Nove Novena*, publicava, pela Imprensa Universitária do Recife, o ensaio *Um Mundo Estagnado*, em que fazia a crítica arrasadora da indústria do livro didático no Brasil, avaliando, de modo certeiro, os desserviços prestados por antologias organizadas sem qualquer sentido da qualidade literária dos textos escolhidos, quase todos premiados em função de relações pessoais dos organizadores, constituindo aquilo que, com muita propriedade, chamou de "confraria do virginal abrigo".

Deste modo, o ano de publicação daquela obra que, como já se assinalou, é vista como o início de uma nova fase de experiência com a literatura, é também o de começo de uma intervenção pública nos problemas culturais do país, sempre sob o viés de um escritor de ficção que assume a personalidade de um polemista vigoroso.

Este tipo de intervenção, transformando-se num hábito regular através de colaborações jornalísticas, foi reunida posteriormente em dois livros: *Do Ideal e da Glória: Problemas Inculturais Brasileiros*, de 1977, e *Evangelho na Taba: Outros Problemas Inculturais Brasileiros*, editado pela viúva do escritor, Julieta de Godoy Ladeira, e publicado postumamente em 1979.

É de uma espécie semelhante, mas muito mais complexo e menos ocasional, o livro publicado em 1969, *Guerra Sem Testemunhas: O Escritor, Sua Condição e a Realidade Social*, uma síntese ensaística das vicissitudes experimentadas pelo escritor de ficção no Brasil, quase sempre polarizado pela vontade de criar e pelas dificuldades materiais de existência, indagando-se sobre o próprio modo de ser da criação literária, sua função, suas relações com a crítica, com editores e com o público em geral.

Tendo, no ano seguinte, alargado a sua experiência no trato com a institucionalização da literatura ao ingressar no sistema universitário de São Paulo, passando a lecionar Literatura Brasileira na Universidade Estadual Paulista, campus de Marília, e buscando uma adequação profissional, escreve um ensaio sobre o problema do espaço e do ponto-de-vista na obra de Lima Barreto que será a sua tese de doutoramento, defendida em 1973, de cuja comissão examinadora tive a honra de participar, e que seria publicada, em 1975, com o título de *Lima Barreto e o Espaço Romanesco*.

Salvo alguns breves contactos nos inícios dos anos 1960, ainda em Recife, conheci melhor Osman Lins em São Paulo, para onde também me transferi exatamente no ano em que publicava *Nove e Novena*, livro sobre o qual escrevi uma resenha, para *O Estado de S. Paulo*, no mesmo ano de seu aparecimento, e que, posteriormente e por solicitação do próprio Osman Lins, seria publicada como introdução à reedição do livro em 1975. (Esta resenha, depois introdução ao livro, foi recolhida no meu livro *Opus 60*, publicado pela Livraria Editora Duas Cidades, em 1980.)

Desta maneira, posso dizer que estreitei relações com o escritor em sua fase mais inovadora e em que, vivendo o tempo difícil dos anos da ditadura militar instalada no país a partir de 1964, buscava, simultaneamente, criar um espaço adequado para o desenvolvimento de suas experiências com a literatura e testemunhar (e não só por seus escritos como por uma atitude pessoal intransigente de liberdade intelectual) acerca de seu tempo.

Sendo assim, é de observar que, nem bem terminara de publicar *Nove Novena*, iniciava a composição de *Guerra sem Testemunhas*, livro com o qual buscava afirmar uma posição de independência do escritor com relação ao que significava escrever num país dominado pelo mais sinistro obscurantismo cultural, para não mencionar novamente aquele ensaio sobre os livros didáticos publicado em Recife no mesmo ano em que aparecia o livro de narrativas.

Por outro lado, esta mesma simultaneidade aponta para um traço que me parece decisivo na caracterização de Osman Lins: a sua luta em preservar a qualidade, por assim dizer, artística de sua ficção, guardando para os textos ensaísticos a exasperação que o dominava quando via e refletia sobre as condições culturais em que existia.

Não que a sua ficção, desde os seus inícios, deixasse de fora os acontecimentos que eram, como em toda a ficção de qualidade literária, traduzidos por imagens fortes de construção que faziam convergir personagens e situações, tempos e espaços narrativos, instaurando significados intimamente dependentes do trabalho com a linguagem literária.

Um bom exemplo do procedimento está no seu último livro de ficção,

A Rainha dos Cárceres da Grécia, em que a vida da personagem do romance de Júlia Marquezim Enone, lido pelo narrador, Maria de França, é atravessada, entre outras misérias, pelos desconcertos do sistema brasileiro de previdência social cuja realidade é colhida mesmo em fontes jornalísticas expressamente transcritas pelo escritor.

Não se trata, portanto, de buscar uma "pureza" ficcional mas de fazer depender a "sujeira" que ali possa entrar de uma, por assim dizer, necessidade de arte, capaz de transformar os conteúdos da realidade em significantes artísticos.

Aliás, este último livro é exemplar para aquilo que estou buscando acentuar: depois das experiências dos limites da ficção narrativa, tais como se propunha em *Nove Novena* e *Avalovara*, levando a uma escrita *en abîme* das técnicas do ponto-de-vista (*Nove Novena*) ou do espaço narrativo (*Avalovara*), o romance de 1976, ao mesmo tempo que trabalhava com uma espécie de anatomia da ficção, para utilizar os termos de Northrop Frye, em que a literatura é também consciência da literatura, deixava passar as vigas mestras do ensaísmo de Osman Lins, quer dizer, aquele marcado pelo vigor polêmico de suas exasperações sociais.

Por isso mesmo, não é de estranhar que os seus dois grandes modelos brasileiros tenham sido Graciliano Ramos e Lima Barreto: o primeiro, sabendo como ninguém fundir arte e testemunho; o segundo, fazendo coincidir uma escrita atordoada com o abastardamento que era obrigado a suportar pelas circunstâncias sociais em que existiu.

Quando mais atrás, portanto, falei em guardar para os textos ensaísticos a exasperação não quis significar uma tranqüilidade de partilha mas, antes, indicar ou sugerir uma tensão básica com relação ao que, no geral, se praticava como literatura de ficção nos anos 1970, em que, existindo uma natural ânsia de testemunho acerca dos tempos terríveis que se vivia, a ficção literária parecia, e muitas vezes o era de fato, abastardada pela linguagem jornalística.

Até onde posso julgar, Osman Lins resistiu, conservando muito intensa a paixão pela criação ficcional enquanto arte literária sem que isto significasse o amortecimento de seus compromissos de intelectual condenado a viver um tempo pouco ou nada propício à verdadeira liberdade de criação.

Mas esta resistência que, para mim, está tanto naquilo que escreveu quanto nas conversas quase diárias que tínhamos por telefone (sobretudo na época da composição de *Guerra sem Testemunhas*, o que pode parecer irônico), não existiu sem grandes tensões para quem sabia, como ele, que o primeiro e maior compromisso do escritor é para com a responsabilidade ética e política imposta pelo domínio da linguagem.

2

Jogo Fácil[*]

Assim como a releitura de um livro complexo é capaz de oferecer elementos decisivos para uma compreensão totalizadora, da mesma forma é através de um trabalho de reconsideração que podemos, com alguma certeza, definir fragilidades, apontar inconsistências por acaso encobertas numa obra de aparente fertilidade.

Da necessidade da releitura, por exemplo, já disse Curtius ser absolutamente indispensável para uma apreensão – ainda que melancolicamente incompleta – do *Ulysses*. Seria preciso que o leitor fosse capaz de, a cada nova página, ter presente, numa espécie de contínua reflexão, a obra total.

Dessa forma, a obra de um Joyce, ou a de Eliot, ou a de Svevo, são obras para a releitura. Não se entregam de imediato e exigem do leitor a consciência desperta em cada fragmento, em cada uma das linhas de sua estruturação. Mas, uma vez atingido esse longo processo de pôr e repor as partes estruturadoras, o leitor passa a configurar o conjunto expressivo pelo qual é remetido a uma significação cultural amplamente mais rica. São obras, portanto, que pela força mesma de sua grandeza, não apenas apelam para a releitura como ainda a fazem ingrediente indispensável de sua própria composição. Obras que, por isso, parecem incidir sobre a

* Texto publicado no Suplemento Literário de *O Estado de S. Paulo*, em 31 de julho de 1965.

dinamicidade essencial da arte literária, radicalizando cada uma daquelas camadas de estruturação componentes da obra para um Roman Imgarden e, entre nós, discutidas com fina penetração por Anatol Rosenfeld.

Entretanto, se numa obra plenamente realizada esse trabalho de reordenação, através de leituras diversas, não faz senão acrescentar ao leitor aquilo que certamente não lhe seria possível perceber de uma única vez, no caso de obras disfarçadamente complexas a operação é também útil e fértil no sentido de tornar possível a verificação de vazios estruturais; a frouxidão dos laços fundamentais que devem, solidariamente, unir os vários níveis de composição. É como se, pela releitura, assentados os elementos da fabulação, só então estivéssemos aptos a indagar da resistência da obra, enquanto unidade complexa incorporando, através de um processo de multiplicidade dinâmica (permitam-me o rebarbativo da expressão), diversificados níveis de significação. Desde os que se inserem no nível dos fonemas até os que se projetam pelas "unidades significativas" mais amplas como as orações ou períodos.

É a partir, pois, de um perspectiva de releitura que passo a tratar do último livro de Adonias Filho[1].

É um romance sustentado, segundo todas as evidências, sobre aquilo que já se tornou enfadonho em nossa literatura: a cor local. E os seus ingredientes mais óbvios são o amor e o fetiche – ambos forjados através de uma narração em que a história e os mitos estão reunidos em torno da animização da cidade ou, ao menos, de uma parte dela.

Dessa maneira, como o próprio título poderia sugerir, a convergência das linhas de ação do romance é o Forte que, ao mesmo tempo, desdobra personagens, tempo, espaço e fabulação por intermédio da narrativa, apegada a uma visualização mítica de Salvador.

Ora, se examinarmos mais detidamente cada um desses elementos da estrutura romanesca, verificamos que, em primeiro lugar, os personagens – Tibiti, Jairo, Olegário, Dimiana, Michel – são projeções do Forte, na mesma medida em que o tempo da narrativa assim como o seu espaço não possuem uma existência autônoma, não implicam mesmo numa modula-

---

1. *O Forte*, Rio de Janeiro, Civilização Brasileira, 1965, 136 pp.

ção dos personagens, antes são dados que respondem mecanicamente ao estofo mítico com que o A. procurou forrar a narrativa. Por isso mesmo, o leitor poderá perguntar-se qual a razão estrutural para que o romance houvesse continuado mesmo depois da destruição do Forte.

Na verdade, o que passa pelas páginas do livro depois disso não é mais Jairo ou Tibiti, senão ressonâncias de quase-personagens que só se poderiam explicar diante do clima fetichista com que o A. cerca as relações entre o Forte e os personagens. E o leitor poderia chegar mesmo a uma confirmação disso pela análise da linguagem utilizada: palavras e frases que somente repercutem o obscuro e evanescente momento em que eles deixam de existir, fundidos na mesma destruição do Forte.

Por outro lado, são três as linhas de fabulação que cortam a narrativa: o crime de Olegário, o amor de Jairo e Tibiti e a destruição do Forte. Mas é uma tripartição apenas aparente: aquilo que carreia toda a história é a última. Até mesmo o crime de Olegário – acontecimento que poderia passar à parte do Forte – somente interessa dentro da estrutura temática desde que a experiência do personagem nos aparece estreitamente ligada ao seu tempo de prisão no Forte. Quanto à segunda linha de fabulação, que atravessa por sua vez o romance como uma constante por assim dizer emotiva, não se explica senão em suas vinculações diretas a uma realidade mítica que se esconde por sob o Forte e que Olegário – sacerdote-feiticeiro – prevê e esclarece, quer para um tempo passado, quer para o futuro.

Desse modo, depois de destruído o Forte, Jairo pode então refletir a respeito da fragilidade em que agora se encontravam: "Não havia o Forte, não havia Olegário, eram humanos agora e estavam desprotegidos como todos os mortais" (p. 116).

Além disso, a convergência por assim dizer mágica que o Forte impõe, absorvendo tudo o que no romance possa ser matéria narrativa, implica mesmo nas identificações imaginosas do velho Olegário na prisão, quando se vê assistindo trechos numerosos da história baiana através de presença do Forte. Ou o fácil abandono da família por Jairo ou Tibiti, como que arrastados, possuídos, compelidos pelo Forte.

Ora, o que me parece sobretudo invalidar este romance é isso: todas as peças de uma narrativa aparentemente complexa são jogadas com a maior facilidade pela simples mão do fetiche, sem que nenhuma seja capaz de sugerir ou desencadear problema maior do que a aproximação mágica à história de uma cidade.

Sem querer mesmo entrar na discussão de problemas de verossimilhança, o que não é possível deixar de registrar, isto sim, é a simplificação de que o A. se utiliza para conferir um halo exotérico ao romance. A sua gratuidade a serviço tão-somente da sentimentalização de um aspecto da estrutura social, responsável por todo o clima de fetiche e magia que o A. apenas justapõe ao livro.

Sendo assim, as análises das relações Tibiti/Jairo ou a investigação da psicologia de Olegário, enfim todo o suporte de significação que verdadeiramente importaria para uma comunicação literariamente expressiva, não é, em nenhum momento, correlacionado pelo A. numa unidade de experiência que se haveria de pedir a um romancista. São apenas dados isolados a serviço de uma idéia que se pretende comunicar liricamente, mas que falha pela ausência de ordenação e rigor. O que poderá haver de mítico na presença do Forte se desgasta inclusive pela insistência explícita do A. E a cor local, enfim, revela a sua verdadeira finalidade: uma moldura, um cromo.

Ora, não estamos em presença de um estreante, para que possamos, pondo a culpa na inexperiência, aceitar esse jogo fácil: trata-se de escritor consagrado que, depois de ter escrito *Corpo Vivo*, não pode se dar ao luxo de através de cento e poucas páginas não dizer o que poderia e se perder pelos caminhos nunca por demais criticados das mistificações.

A releitura mais uma vez foi decisiva: por sob o verniz esotérico, a madeira de menor resistência.

3

O Angu de Marcelino Freire*

Por entre os dezessete contos deste livro de Marcelino Freire correm alguns elementos que merecem reflexão por parte do leitor e que se referem à própria concepção do gênero.

Sem querer e sem poder esgotá-los no espaço de um prefácio, que o decoro obriga a ser curto, creio que não será descabido lembrar alguns, a começar pela oralidade, este veio ancestral da narrativa, que marca a maior parte dos contos agora reunidos.

Não é, entretanto, uma oralidade que vincule facilmente os contos de Marcelino Freire à tradição do que se chama de literatura oral e que, sobretudo no Brasil, encontra as suas raízes nas sociedades de extração rural, como é aquela de boa parte das obras ficcionais resultantes da literatura regionalista e que encontrou o seu apogeu nos anos 1930.

A sua oralidade é de uma espécie mais rara, embora, como escolha e técnica narrativas, termine por responder, certamente, à pungência de significados veiculados por alguns desses contos, uma vez que o narrador cede, nesses casos, o seu lugar a uma voz narrativa entroncada em camadas sociais herdeiras da tradição oral.

---

* Publicado originalmente como prefácio do livro *Angu de Sangue*, de Marcelino Freire, Cotia, Ateliê Editorial, 2000.

Ou, melhor dizendo: as vozes narrativas desses contos são, quase em sua totalidade, vozes de personagens que são restos (no sentido literal e no figurado) da experiência rural, estilhaçados pela forçada adaptação ao universo também ele estilhaçado e violento da existência urbana.

Neste sentido, pode-se dizer que a violência de significado dos contos (e que se traduz no título da coletânea, e que é um dos contos, em que *angu* é tanto uma comida misturada pela farinha quanto um estado de confusão) tem uma duplicidade de origem que só faz intensificar os seus valores: é, por um lado, a violência da existência urbana em que se agitam as personagens e, por outro, a violência de adaptação a que são forçadas essas mesmas personagens, numa mistura de psicologia e sociedade em que a farinha não é mais a de mandioca ou de milho da tradição rural mas a do sangue que espirra das inadequações urbanas.

E como não existe distanciamento na mistura, a voz que narra é a mesma que experimenta, e sofre, o narrado e, por isso, a escrita da oralidade parece ser adequada para o registro da liga que resultou da experiência.

Assim, por exemplo, aquela voz feminina que está no primeiro texto do livro, o admirável "Muribeca", pode transformar o lixo em luxo (e lembro aqui o notável poema visual, mas não só, de Augusto de Campos, escrito do ângulo da experiência citadina em que a tipologia adotada para grafar as duas palavras realiza a identificação irônica entre elas) porque os restos da sociedade de consumo e abundância são lidos pela carência de uma atividade – a de catadora de lixo – que faz de sua voz o porta-voz de um segmento social condenado àqueles restos.

Duas vezes restos: de uma herança cultural despedaçada pela inadequação à existência urbana e, como decorrência, de uma sociedade de abundância e desigual que só faz aumentar o sentido de necessidade e de carência. Mas o grande feito de Marcelino Freire, no entanto, é, através da fala da personagem, construir pelo avesso, dando-lhe um sinal positivo, a alegria possível da carência. E já nas frases iniciais se dá esse registro: "Lixo? Lixo serve pra tudo. A gente encontra a mobília da casa, cadeira pra pôr uns pregos e ajeitar, sentar. Lixo pra poder ter sofá, costurado, cama, colchão. Até televisão".

A hábil utilização do discurso direto evita, deste modo, traços dema-
gógicos de uma denúncia porque o que se denuncia, a condição miserável
de quem encontra no lixo uma estratégia de sobrevivência, não é um objeto distanciado, mas todo um mundo de atividades que se parecem com
as humanas e por onde ainda é possível reconhecer a existência de seres
que restaram por entre as desigualdades sociais.

Objetos caseiros, roupas, material escolar, comida, remédios, brinque-
dos para as crianças, até mesmo "roupa nova, véu, grinalda. Minha filha
já vestiu um vestido de noiva, até aliança a gente encontrou aqui, num
corpo. É. Vem parar muito homem morto, muito criminoso. A gente já
tá acostumado. Quase toda semana o camburão da polícia deixa seu lixo
aqui, depositado. Balas, revólver 38".

Daí a alegria, pelo avesso, a que já me referi e que explode no trecho
seguinte:

Você precisa ver. Isso tudo aqui é uma festa. Os meninos, as meninas naquele alvo-
roço, pulando em cima de arroz, feijão. Ajudando a escolher. A gente já conhece o que
é bom de longe, só pela cara do caminhão. Tem uns que vêm direto de supermercado,
açougue. Que dia na vida a gente vai conseguir carne tão barato? Bisteca, filé, chã-de-
dentro – o moço tá servido? A moça?

Não é, portanto, apenas uma denúncia: é antes o desventrar de uma
condição que, se opondo a uma possível limpeza autoritária (a iminência
de um ato do governo), encontra forças na carência para se apegar a uma
estranha (para o moço, ou a moça, com quem apenas no trecho antes
citado a personagem dialoga) utopia: "Não, eles nunca vão tirar a gente
deste lixão. Tenho fé em Deus, com a ajuda de Deus, eles nunca vão tirar
a gente deste lixo. Eles dizem que sim, que vão. Mas não acredito. Eles
nunca vão conseguir tirar a gente deste paraíso".

Mas esta sábia articulação entre a oralidade e a técnica do discurso direto encontra outras serventias no livro e que decorrem de uma cuidadosa
imbricação de narrativa e linguagem, elemento central do gênero e que o
aproxima da realização do poema.

É o caso, por exemplo, do segundo texto do livro, "Belinha", em que o intenso lirismo de que dá prova é construído em função mesma da necessidade de encontrar a adequação entre palavra e sentimento para a declaração amorosa.

É, por assim dizer, uma narrativa metalingüística em que a sensibilidade do autor para com a linguagem termina por ser a matéria substancial da narrativa:

> Dizem que sempre falta uma palavra e é verdade. Nesses anos todos eu sei que sim, que sempre falta uma palavra, é verdade. Verdade. Pois procurei por Belinha, depois de 50 anos, 50 anos, para dizer para ela essa palavra. Sempre falta uma palavra, verdade verdadeira. E eu fui para dizer para Belinha essa palavra.

E o conto não é senão a narrativa da procura pela personagem feminina efetuada pelo narrador que leva consigo a palavra que faltara durante cinqüenta anos e que é, ao mesmo tempo, aquilo que leva o leitor através do conto.

Neste sentido, aquilo que dirá o narrador, busca do personagem e do leitor, completará o sentido de uma longa frase que é, ao mesmo tempo, o conto que se escreve.

Mas, se as denúncias de ordem social se sucedem em outros textos, como em "Moça de Família", em que a pequena família pobre não suporta a venda da honra da filha única, ou em "Volte Outro Dia", em que a simples existência de um mendigo desestabiliza o mundo de um personagem cioso de sua ordem, ou em "Socorrinho, Menina de Seis Anos, ou Sete", mendiga de ponto de semáforo, seqüestrada e estuprada, ou no próprio conto-título, "Angu de Sangue", em que um assalto no trânsito faz explodir o mundo perverso do assaltado, este livro de Marcelino Freire ainda encontra espaço para demonstrações inequívocas de mestria no gênero.

É o caso, por exemplo, da graça irônica e do humor que estão em pelo menos dois contos: "A Senhora que Era Nossa", a narrativa de uma transformação de personagem que passa de prostituta a grã-fina benfeitora, agora "uma puta do Senhor", e "A Cidade Ácida", difícil e cômica escritura da oralidade de um bêbado, em que a desintegração de palavras imita até mesmo o soluçar do estado de alta intoxicação alcoólica.

Ou ainda o cortante e pungente diálogo que está em "O Caso da Menina", que serve ao mesmo tempo como evidência de que o sentido oral desses contos pode encontrar modos diversificados de realização e de como a crítica social não se dá apenas através de monólogos de denúncia.

Na verdade, a decisão da mãe que oferece a filha recém-nascida a um estranho não em troca de dinheiro, mas em troca tão-só de acolhimento, não suportaria detalhes narrativos: o gesto e a fala é de uma única espécie seca, dura e crua em que o leitor é convidado a sentir, como está no texto de Ariano Suassuna que serve de epígrafe ao livro, "cada palavra como um tiro ou uma facada. Cada palavra e seu significado sangrento".

4

ALDOUS HUXLEY ENTRE
O MACACO E A ESSÊNCIA*

EM 1937, AOS QUARENTA E três anos e já um autor consagrado pela publicação de uma obra respeitável de novelista e de ensaísta, Aldous Huxley transferiu-se, com a mulher, Maria Nys, e o filho, Matthew, para os Estados Unidos, mais precisamente para Los Angeles, onde viveu até a sua morte em 1963.

Embora o objetivo maior de sua transferência fosse buscar tratamento para os problemas de visão de que sofria desde a adolescência, submetendo-se ao então famoso "método Bates" de exercícios visuais, criado pelo polêmico Dr. William H. Bates e discutido por ele no livro *The Art of Seeing*, de 1942, ali o seu caminho natural foi Hollywood onde escreveu alguns roteiros e tornou-se amigo de figuras famosas do cinema, como Charles Chaplin, Greta Garbo, Paulette Godard, ou mesmo fora dele, tais como o astrônomo Edwin Hubble (do famoso telescópio) ou o músico Stravinsky.

Neste mesmo ano de 1937, tem publicados dois livros de ensaios, *The Olive Tree* e *Ends and Means*, e logo começa a trabalhar naquele que será o seu primeiro romance ambientado nos Estados Unidos e publicado em 1939: *After Many a Summer Dies the Swan*.

* Publicado como prefácio de *O Macaco e a Essência*, de Aldous Huxley, São Paulo, Globo, 2004. Agradecemos a autorização concedida pela Editora Globo para a reprodução do texto.

Mas a época era mesmo de preocupações sociais e políticas, de que é exemplar não apenas o segundo livro de ensaios citado, *Ends and Means*, como ainda a coleção de textos sobre pacifismo que ele organiza e publica também em 1937, intitulada *An Encyclopedia of Pacifism*.

Na verdade, aquilo que já se entremostrava no último romance aparecido antes da viagem para os Estados Unidos, *Eyeless in Gaza*, de 1936, isto é, a convergência de inquietações religiosas e políticas, será dominante a partir de sua, por assim dizer, fase americana, como se pode perceber pela leitura quer da biografia do Père Joseph, o místico franciscano que, como eminência parda, dirigia a política exterior do poderoso Cardeal Richelieu, em *Grey Eminence*, de 1941, quer do romance em que volta ao ambiente inglês, *Time Must Have a Stop*, de 1944, a antologia de textos sobre filosofia transcendental, *The Perennial Philosophy*, de 1945, ou mesmo o texto em que medita sobre as possibilidades e limites da ciência no pós-guerra, *Science, Liberty and Peace*, de 1946.

Aquilo que começara por ser presságios sombrios em fins dos anos 1930, base das reflexões que estão em *Ends and Means*, exatamente quando deixa a Europa para experimentar os ares menos pestilentos do ambiente norte-americano, se transforma, na década seguinte, nos horrores do nazifascismo, culminando com a insensatez dos bombardeios nucleares de Hiroshima e Nagasaki a partir de solo americano.

A utilização da energia nuclear como arma de guerra ao mesmo tempo que encerrava um ciclo histórico, caracterizado pelas perseguições ideológicas e raciais que abriram o caminho para a criação dos campos de concentração e do holocausto, inaugurava um outro ciclo, tão sombrio e sinistro quanto o anterior, caracterizado pela ameaça permanente da destruição generalizada de que a chamada "guerra fria" ficou sendo, por mais de cinqüenta anos, a marca terrível e indelével.

O romance que se vai ler em seguida, *Ape and Essence* [*O Macaco e a Essência*], que foi publicado em 1948 nos Estados Unidos e, no ano seguinte, na Inglaterra, é um registro ficcional daquilo que a sensibilidade de Aldous Huxley, uma sensibilidade que, desde os inícios dos anos 1930, dera prova de sua força antecipatória com a publicação, em 1932, do *Brave New World*, podia intuir como antecipação de uma sociedade destruída pela Terceira Guerra Mundial.

Mas o romance é também o resultado de sua experiência, não muito intensa, é verdade, como roteirista para o cinema, de que resultaram cinco filmes: *Madame Curie*, de 1938, dirigido por Mervyn LeRoy, *Pride and Prejudice*, de 1940, dirigido por Robert Z. Leonard, *Jane Eyre*, de 1944, dirigido por Robert Stevenson, *A Woman's Vengeance*, de 1948, dirigido por Zoltán Korda, e *Alice in Wonderland*, de 1951, dirigido por Clyde Geronomi, Hamilton Luske e Wilfred Jackson.

Mais do que isso: o próprio romance é uma espécie de roteiro, um roteiro que não terminou em filme mas que se apresenta como obra de ficção completa em si mesma.

Há, portanto, no romance, a convergência de três fatores de base: as meditações huxleyanas sobre as intrincadas e delicadas relações entre a ação política (e aqui se leiam as questões que envolviam a guerra e a paz, os progressos da ciência e da tecnologia e os perigos deles decorrentes, como superpopulação ou destruição do ambiente natural) e a posição quietista defendida pelos místicos das mais diferentes extrações religiosas; a experiência americana do autor, mais particularmente aquela hollywoodiana dos estúdios cinematográficos e dos roteiros e, finalmente, a decisiva sensibilidade para o que havia de sombrio no modo catastrófico pelo qual se encerrara, com a utilização de armas nucleares, a Segunda Guerra Mundial.

A esses três fatores deve-se acrescentar um quarto elemento de ordem mais técnica e literária e, por assim dizer, mais íntima: a busca por um tema capaz de expandir os conteúdos rotineiros da ficção contemporânea do autor, de acordo com aquilo que vinha sendo expresso fragmentariamente por ele em diferentes ensaios no correr dos anos e cuja primeira manifestação concreta fora o livro de antecipação de 1932, o já mencionado *Brave New World*, em que, além das questões de organização social e política que envolvem a trama do romance, os progressos das ciências psicológicas, biológicas e químico-farmacêuticas constituem elementos essenciais na construção dos conteúdos, das personagens, do espaço e do tempo, de tal modo que a obra ficcional termina por ser também uma resposta a problemas postos pelas ciências referidas.

Já em seu primeiro livro de ensaios, *On the Margin*, de 1923, está o texto em que defende a necessidade de uma expansão do temário da literatura, e não apenas da ficção como também da poesia, pela incorporação de problemas levantados pelas ciências da época, buscando-se uma relação mais íntima entre literatura e ciência que ele via faltar. (Não fosse ele neto do grande biólogo do século XIX, o amigo e defensor de Darwin, Thomas Henry Huxley e irmão de outro cientista e também biólogo Julian Huxley!)

O ensaio pioneiro intitula-se *Subject-matter of Poetry* e tem o seu fundamento numa frase preciosa de Wordsworth do prefácio às suas *Lyrical Ballads:*

> As mais remotas descobertas do químico, do botânico ou do mineralogista serão objetos tão apropriados à arte do poeta quanto qualquer um sobre o qual agora ele se debruça, se porventura chegar o tempo em que estas coisas nos sejam familiares e as relações sob as quais forem contempladas sejam manifesta e palpavelmente um material para nós como seres prazerosos e sofredores.

Muito mais tarde, em 1963, ano de sua morte, será publicado um ensaio que, de modo bem mais didático e completo, ampliará as reflexões daquele texto de 1923: *Literature and Science.*

O argumento central, no entanto, é o mesmo: a urgência em alargar o espectro temático da literatura, dando às questões criadas e exploradas pelas diversas ciências a possibilidade de existirem como instigações da imaginação literária, desde que, como estava no prefácio de Wordsworth, tais instigações sejam percebidas enquanto material "para nós como seres prazerosos e sofredores".

O grande e inextrincável impasse criado pelo argumento (um impasse que atravessa, de ponta a ponta, a obra de Huxley e que, de certa maneira, serviu e serve sempre para a afirmação de uma fissura entre o criador de ficção e o ensaísta) é, sem dúvida, o fato de que, privilegiando o conteúdo, fica sem resposta a pergunta central acerca de sua relação com os próprios mecanismos de formalização, sem o que é descaracterizada a obra de arte literária.

Não é que a obra de Huxley deixe de anotar a existência do problema: é que, em sua efetivação, ocorre uma espécie de decisão antecipada pelos conteúdos, rompendo-se a delicada instabilidade que dá vigor à criação literária do ficcional.

Se o problema é menos visível e palpável naquilo que realizou inicialmente como ficcionista, quando a sátira era responsável pelo vigor no tratamento das idéias (e, portanto, dos conteúdos possíveis de que as obras eram portadoras) e que preenche a sua, por assim dizer, fase inglesa, isto é, desde *Crome Yellow*, de 1921, até *Eyeless in Gaza*, passando pelos contos de *Mortal Coils*, de 1922, de *Young Archimedes*, de 1924, de *Two or Three Graces*, de 1926, e dos romances *Antic Hay* de 1923, *Those Barren Leaves*, de 1925, *Point Counter Point*, de 1928, e *Brave New World*, ele ganha maior visibilidade naquilo que escreve a partir do romance "americano" já mencionado e publicado em 1939.

Creio que uma hipótese de explicação para isso está em que foi precisamente nessa segunda fase de sua atividade, e que coincide com o período em que se acentuaram as preocupações de Huxley para com os temas religiosos e políticos, como já se disse, que a criação ficcional passa a lhe servir, mais abertamente, como expressão para aquelas preocupações, passando a se definir, para usar de uma expressão que ele mesmo gostava de utilizar, como "surrogate for religion", isto é, "substituto para religião", desde que se entenda religião como inquietação para o transcendental e sem qualquer vinculação com igrejas de qualquer espécie.

Por isso, essa fase é, certamente, do ponto de vista estritamente literário, muito menos significativa do que a primeira, embora rica de experiências que culminaram com aquelas de percepção extra-sensorial e o uso de substâncias alucinógenas e que transformaram Huxley num autêntico pioneiro e mesmo guru da área, dando como resultados dois livros de grande consumo: *The Doors of Perception*, de 1954, e *Heaven and Hell*, de 1956.

É, portanto, no conjunto desses problemas, que, a meu ver, deve ser lido o breve livro de 1948, um registro sumário dos possíveis efeitos causados por uma Terceira Guerra Mundial cujas armas principais teriam sido a utilização da bomba nuclear e de armas bacteriológicas capazes de espalhar a contaminação da peste provocada pela disseminação do mormo, doença terrível que é descrita logo no início numa das falas do Narrador que se encarrega de ir organizando as informações no livro:

Mormo, meus amigos, mormo – uma doença de cavalos, pouco comum em homens. Mas, não importa, a Ciência pode facilmente torná-la universal. E estes são os sintomas: dores violentas em todas as articulações. Pústulas por todo o corpo. Sob a pele, inchações duras que por fim rebentam e se transformam em úlceras gangrenosas. Ao mesmo tempo, a membrana mucosa do nariz se inflama e exsuda uma abundante secreção de pus fétido. As úlceras formam-se rapidamente nas narinas, corroendo o osso e a cartilagem que as envolve. Do nariz a infecção alastra-se para os olhos, boca, garganta e brônquios. Dentro de três semanas sobrevém a morte na maioria dos casos. Assegurar a morte em *todos* os casos tem sido a incumbência desses jovens e brilhantes Doutores em Ciência, ora a serviço do vosso governo. E não do vosso governo unicamente: de todos os outros organizadores, eleitos ou auto-arvorados, da esquizofrenia coletiva no mundo. Biólogos, patologistas, fisiologistas – ei-los após um dia árduo no laboratório, voltando à casa, ao seio da família. Um abraço da doce esposinha. Uma brincadeira com as crianças. Um jantar tranqüilo com os amigos, seguido de uma noite de música de câmara ou de uma conversação inteligente sobre política ou filosofia. Depois, cama às onze horas e os êxtases familiares do amor conjugal. E na manhã seguinte, depois do suco de laranja com torradas, lá vão eles de volta à sua faina de descobrir como um número maior ainda de famílias exatamente como as suas podem ser infectadas por uma ação ainda mais mortífera do *Baccilus mallei*.

Esta descrição nua e crua da doença e o irônico comentário acerca daqueles que se encarregam de fazê-la efetiva para um número maior de pessoas fazem parte da segunda parte da obra – "O Roteiro" – que é precedida pelo curto capítulo – "Tallis" – em que se narra o encontro de uma cópia de roteiro cinematográfico e da busca de seu autor pelo narrador e seu amigo Bob Briggs, ambos trabalhando em estúdios cinematográficos.

Aparentemente nada disso tem a ver com o assassinato de Gandhi, que é o marco temporal com que se inicia o livro: *Era o Dia do Assassinato de Gandhi*.

Para Huxley, no entanto, este grande acontecimento do ano de 1948 serve como uma espécie de gatilho para algumas reflexões que serão, mais tarde, ampliadas no decorrer desta primeira parte do livro, como, por exemplo, as tensões entre a experiência individual e coletiva que já se insinuam a partir do registro do acontecimento: "Gandhi podia estar morto;

mas, sentado à escrivaninha em seu escritório ou à mesa do almoço no refeitório, Bob Briggs ocupava-se em falar unicamente de si mesmo".

E é este tipo de reflexão, suscitada por frases ouvidas ao acaso ou por citações de nomes e acontecimentos, que vai ampliando o pequeno capítulo inicial num jogo incessante de associação de idéias.

Assim, por exemplo, a resposta de seu produtor Lou Lublin a um pedido de aumento feito por Bob Briggs – "Bob, neste estúdio, a esta altura dos acontecimentos, nem o próprio Jesus Cristo arranjaria um aumento" – permite ao narrador realizar uma daquelas operações características do Aldous Huxley de outros romances e dos ensaios, mobilizando os seus conhecimentos de arte e dando expressão a uma enorme sensibilidade para as representações pictóricas. Diz ele

Cristo diante de Lublin, suplicando um mísero aumento de 250 pratas por semana e vendo suas pretensões sumariamente rechaçadas. Teria sido um dos temas favoritos de Rembrandt, desenhado, gravado, pintado uma dúzia de vezes. Jesus retirando-se tristemente para as sombras do imposto de renda vencido, enquanto no foco de luz dourada, coruscante de gemas e reflexos metálicos, Lou, num enorme turbante, gozaria ainda, numa risadinha triunfante, o que fizera ao Cordeiro de Deus. [...]

E depois haveria a versão de Breughel para o tema. Uma grandiosa visão sinóptica de todo o estúdio; um musical de três milhões de dólares em plena produção, com cada detalhe técnico fielmente reproduzido; e no canto inferior direito uma longa pesquisa revelaria por fim um Lublin, não maior que um gafanhoto, a cobrir de invectivas um Jesus ainda mais diminuto. [...]

Ainda pensando em Cristo diante de Lublin, visualizei a cena como Piero a teria pintado – a composição luminosamente explícita, uma equação de vazios e sólidos em equilíbrio, de matizes harmônicos e contrastantes; as figuras em repouso adamantino. Lou e seus assistentes de produção usariam todas aquelas coifas faraônicas, aqueles formidáveis cones invertidos de feltro branco ou colorido que no mundo de Piero servem ao duplo objetivo de destacar a natureza sólido-geométrica do corpo humano e o exotismo dos orientais. A par de sua maciez sedosa, as dobras de cada vestimenta teriam a inevitabilidade e a fixidez de silogismos entalhados em pórfiro e, impregnando todo o conjunto, sentir-se-ia a presença do Deus de Platão, matematizando para sempre o caos na ordem e na beleza da arte.

E esta última frase é, de imediato, sucedida pelas conseqüências de uma possível matematização em situações humanas que naturalmente pareceriam não admiti-la: "No campo da política – diz ele – o equivalente de um teorema é um exército perfeitamente disciplinado; o de um soneto ou de um quadro, um estado policial sob uma ditadura".

Um giro vertiginoso de associação de idéias, e eis o texto fazendo a crítica radical das posições marxistas e fascistas que termina por recuperar a presença e o significado do assassinato de Gandhi:

O marxista chama a si mesmo científico, e a esta presunção o fascista acrescenta outra: ele é o poeta – o poeta científico – de uma nova mitologia. Ambos são justificados em suas pretensões; pois um e outro aplicam a situações humanas os processos que deram resultado no laboratório e na torre de marfim. Eles simplificam, abstraem, eliminam tudo o que, para os seus propósitos, é irrelevante, e ignoram o que quer que lhes pareça mais conveniente considerar como não essencial; eles impõem um estilo, obrigam os fatos a verificar a hipótese favorita, atiram à cesta de papéis tudo o que, no seu entendimento, careça de perfeição. E por assim agirem como bons artistas, pensadores íntegros e experimentadores competentes, as prisões estão repletas, hereges políticos morrem no trabalho escravo, os direitos e preferências de meros indivíduos são ignorados, os Gandhis são trucidados e, de manhã à noite, um milhão de mestres-escolas e locutores proclamam a infalibilidade dos chefes que por acaso detêm momentaneamente o poder.

Daí a inescapável conclusão: o assassinato de Gandhi tinha sido uma obra coletiva, uma obra daqueles que, acreditando fanaticamente na Ordem e na Perfeição, não podiam ver em Gandhi senão "um reacionário que acreditava apenas nos homens. Sujeitinhos esquálidos governando-se por si em cada aldeia, e adorando Brahma que é também Atman. Era intolerável. Não é de admirar que tenhamos dado cabo dele". E logo adiante:

Nós o matamos porque, depois de ter jogado efêmera e fatalmente o jogo político, ele se recusou a continuar sonhando o nosso sonho de uma Ordem nacional, de uma Beleza social e econômica; porque tentou trazer-nos de volta aos fatos concretos e cósmicos de homens de carne e osso e à Luz interior.

Essas reflexões, que são feitas antes da leitura do manuscrito do roteiro intitulado O Macaco e a Essência, de autoria de um certo William Tallis, preparam, na verdade, aquilo que ali se contém e já o primeiro texto do manuscrito, uma espécie de poema em prosa, lido ao acaso pelo narrador, deixa ver a crítica do conhecimento tradicional pela enumeração dos saberes submetidos à ótica dos babuínos, seus novos senhores: Filosofia, História, Medicina, Retórica e Cálculo são nomeados como servas da Razão, "lacaia de babuínos", todos trabalhando para a efetivação da rasura do homem, culminando com o que está nos últimos versos, ali inclusos, como metonímias para a religião constituída, o incenso e a Virgem.

> Vem com o Cálculo apontar seus foguetes
> Com precisão sobre o orfanato no além-mar;
> Vem, tendo apontado, com incenso
> Rogar devotamente à Virgem por um impacto direto.

A leitura do manuscrito, "sem alterações e sem comentários", que é também a leitura do livro O *Macaco e a Essência*, se inicia em clima de superprodução hollywoodiana, "com o acompanhamento de trombetas e de um coro de anjos triunfantes" que logo cede o seu lugar à percepção delicada de uma paisagem de beleza ("Beleza inexprimível, paz além do entendimento...", como se diz no poema em prosa que se segue) cuja trilha sonora teria de ser composta antes por um Debussy, "pura de toda a lubricidade e arrogância wagnerianas, de toda a vulgaridade straussiana". Trata-se da *hora antes do amanhecer* e sua descrição bem merece uma leitura à parte: "A noite parece relutar na escuridão de um mar quase imóvel; mas das fímbrias do céu um palor transparente alastrase, passando do verde a um azul mais e mais profundo, até o zênite. No oriente, a estrela da manhã ainda é visível".

É a voz de um Narrador que diz, por inteiro, o poema antes mencionado e que opera a passagem daquele clima de beleza e tranqüilidade para um outro de agitação e de grotesco – o interior de um cinema, em que a platéia é composta de babuínos que assumiram e assumem o papel de seres humanos, tudo precedido por versos de Shakespeare, onde, pela primeira vez no manuscrito que lemos, está expressa a relação entre macaco, um irado macaco (*angry ape*), e a essência, uma essência de vidro (*his glassy essence*), em que, pelo contraste, já se estabelece o poder destrutivo do primeiro sobre a segunda, uma vez trocados os papéis de mando e governo.

É o que vão dolorosamente constatar aqueles que chegam ao lado oeste da América do Norte, como membros da *Expedição Neozelandesa de Redescobrimento da América do Norte* nos inícios do século XXI a bordo de "uma grande escuna de quatro mastros", com bandeira da Nova Zelândia e sob o nome de *Canterbury*, depois da destruição da maior parte do mundo pelas guerras simultaneamente nuclear e bacteriológica.

É uma missão científica em que estão representadas as mais diversas ciências através do geólogo, que a chefia, do físico, do biólogo, do botânico, do engenheiro e do psicólogo. De todos eles, será o botânico aquele destacado para assumir a condição de protagonista do livro.

Para isso, diz o Narrador do roteiro:

> A câmera detém-se sobre o Dr. Poole, o botânico-chefe da expedição. Como uma ovelha pastando, ele se move de uma planta para outra, examinando flores através da sua lupa, recolhendo espécimes no seu estojo de colecionador, tomando notas num livrinho preto.

Nesses momentos iniciais da narrativa e de seu destaque enquanto personagem, Alfred Poole é acompanhado em suas pesquisas, por entre as plantas, por sua colega, também botânica, Ethel Hook e entre os dois é insinuada pelo Narrador uma relação mais do que profissional, embora não chegue a ser conscientemente amorosa por parte do Dr. Poole que ainda não teria percebido os desejos da colega.

O interesse obsessivo do Dr. Poole é pela pesquisa e é isso que o faz se separar da colega para examinar, desencavando, um espécime raro de cacto.

Tendo ficado sozinho e isolado de seus companheiros de expedição, o botânico sofre o ataque de três homens que é descrito assim pelo Narrador:

> Súbito, por detrás dele, três homens mal-encarados, com grandes barbas negras, sujos e maltrapilhos, esgueiram-se muito silenciosamente de entre as ruínas da casa, por um momento detêm-se indecisos, depois lançam-se sobre o desprevenido botânico e, antes que ele possa sequer soltar um ai, enfiam-lhe na boca uma mordaça, amarram-lhe as mãos às costas e arrastam-no para dentro de um fosso, fora da vista de seus companheiros.

A partir daqui é que, de fato, começa a narrativa, possuindo já um protagonista, antagonistas, espaço e tempo localizados e uma trama, isto é, o Dr. Poole, os habitantes primitivos de Los Angeles (aqui nomeada como *Metrollopis*, em que "o autor faz um anagrama intraduzível de Metrópolis, jogando com a palavra inglesa *trollop* – prostituta. Provável alusão a Grande Prostituta de que fala o capítulo XVII do Apocalipse", como, com acerto, observa o tradutor para o português), a própria cidade de Los Angeles e o ano de 2018.

Por entre descobertas e surpresas, como os sinais de proibição pregados nas vestimentas das mulheres nas áreas erógenas e sob a supervisão de um Chefe que chega a condená-lo à morte por enterramento vivo (de que se salva por declarar a sua condição de botânico, capaz de fazer retornar a força produtiva do solo esterilizado pelos raios gama das bombas nucleares), a narrativa vai conduzindo o protagonista para aquilo que é o clímax do livro: a festa de Belial (um dos nomes possíveis para a entidade do mal) que, depois da destruição em massa, assumira o lugar de Deus como entidade providencial e protetora.

Essa festa, por outro lado, tem um objetivo duplo: realizar uma limpeza eugênica, condenando à morte sumária aquelas crianças nascidas com defeitos físicos que ultrapassem um certo limite de aberrações permitido e, em seguida, depois dos sacrifícios humanos, a festa propriamente dita, que dura cinco semanas, em que são contrariadas as proibições eróticas já referidas, dando ocasião a incessantes orgias sexuais.

Todo o procedimento é minuciosamente descrito e analisado para o Dr. Poole, no Tabernáculo de Belial, pela autoridade máxima do lugar, *Sua Eminência, o Arquivigário de Belial, Senhor da Terra, Primaz da Califórnia, Servidor do Proletariado, Bispo de Hollywood*, nos intervalos das execuções das crianças que são, pessoalmente, realizadas por Sua Eminência. São trechos fundamentais para a compreensão dos motivos e conseqüências da ascensão de Belial e da nova ordem estabelecida. Eis alguns exemplos:

A História, pelo que tenho lido, resume-se nisto: o homem em luta contra a Natureza, o Ego contra a Ordem das Coisas, Belial [...] contra o Outro. Durante cem mil anos, pouco mais ou menos, a batalha mantém-se indecisa. Depois, três séculos atrás, quase da noite para o dia, a maré começa a rolar ininterruptamente em uma só direção. [...] Lentamente a princípio, depois com ímpeto avassalador, o homem arremete contra a Ordem das Coisas [...] Com parcelas cada vez maiores da espécie humana cerrando fileiras atrás de si, o Senhor das Moscas, que é também a Varejeira no coração de cada indivíduo, inaugura a sua marcha triunfal através do mundo, do qual muito pronto irá tornar-se o soberano indiscutido. [...] Mesmo sem mormo sintético, mesmo sem a bomba atômica, Belial teria levado a cabo todos os Seus propósitos. Um pouco mais demoradamente, talvez, mas não menos fatalmente, os homens ter-se-iam destruído ao destruir o mundo em que viviam. Não havia salvação. Ele os tinha nas pontas dos seus dois cornos. Se lograssem safar-se do corno da guerra total, ver-se-iam empalados no da inanição. E, famintos, seriam tentados a recorrer à guerra [...] Pense um pouco no que estiveram a fazer durante o século e meio antes da Coisa. Poluindo os rios, exterminando os animais selvagens, destruindo as florestas, varrendo o húmus para o mar, queimando um oceano de petróleo, esbanjando os minerais que foi preciso o tempo geológico inteiro para depositar. Uma orgia de imbecilidade criminosa. E a isso eles chamavam Progresso [...] Tinha que haver um Auxílio Exterior para isso. Tinha que existir a Graça de Belial que, naturalmente, está sempre ao alcance [...] Progresso e Nacionalismo: foram essas as duas grandes idéias que Ele lhes incutiu nas cabeças. Progresso: a teoria de que você pode receber alguma coisa a troco de nada; a teoria de que só você compreende a significação da História; a teoria de que a Utopia se encontra um passo à frente e, desde que fins ideais justificassem os mais abomináveis meios, é seu privilégio e seu dever roubar, defraudar, torturar, escravizar e assassinar todos os que, na sua opinião, obstruem a marcha avante rumo ao paraíso terrestre [...] Depois houve o Nacionalismo: a teoria de que o estado do qual por acaso você é súdito é o único deus verdadeiro, e de que todos os outros estados são deuses falsos; de que todos esses deuses, quer verdadeiros, quer falsos, têm a mentalidade de delinqüentes juvenis; e de que cada conflito por prestígio, poder ou dinheiro é uma cruzada pelo Bom, pelo Verdadeiro e pelo Belo. O fato de que tais teorias vieram, num dado momento da História, a ser universalmente aceitas, é a maior prova da existência de Belial, a maior prova de que, por fim, Ele ganhou a batalha.

São reflexões desenvolvidas e ouvidas por entre os ruídos ensurdecedores da festa de Belial, em que homens e mulheres trocam seguidamente de pares numa louca busca de prazer e luxúria.

O Dr. Poole, não obstante todo o seu estarrecimento com o assassínio das crianças e com o despertar dos impulsos sexuais animalescos da população enlouquecida, não fica indiferente à atração exercida sobre ele pelos encantos da jovem Loola, já sua conhecida, e termina se envolvendo com ela, embora busque manter um clima de amor lírico que se contrapõe ao que se dá à sua volta.

E o instrumento por ele utilizado para esse lirismo é ler para ela trechos das obras de Shelley que ele anteriormente havia preservado da destruição generalizada dos livros ("...o Dr. Poole abaixou-se e, de a um passo da destruição, surrupiou um pequeno e encantador in-duodecimo de Shelley").

É como se a poesia tivesse a força de fazê-lo retornar, ainda que por breves momentos, à visão daquela essência que, segundo o Narrador, é a única maneira de superar a bestialidade:

Só no conhecimento de sua própria Essência
Deixam de ser os homens um bando de macacos.

É exemplar que o livro termine por uma rendição à poesia: entre a ciência, agora serva de homens-babuínos, e a literatura, para a qual Aldous Huxley sempre procurou o convívio com aquela, o prazer e o sofrimento dos homens faz vibrar cordas que somente através de um Shelley ainda é perceptível por entre os ecos da destruição.

Na verdade, aquele desejo de ampliar as fronteiras da literatura, que já se viu ser umas das aspirações mais antigas de Aldous Huxley, mas pensando sobretudo em suas relações com a ciência, é aqui antes realizado pela originalidade da invenção do próprio gênero.

Assim é que, por diversas vezes, hesitei em chamar o livro de romance: sendo basicamente um roteiro cinematográfico, o tom de sátira que o institui, e que serve aos propósitos de crítica social de que é portador, dá-lhe antes uma feição de farsa com que o autor busca embaralhar as fronteiras entre ciência e literatura.

Mas uma farsa que encontra no lirismo trágico secretado pela poesia de Shelley o ponto de fuga dialético entre o individual e o coletivo que está nos inícios do texto.

Como todas as obras literárias bem pensadas e bem executadas, o seu fim é o seu começo.

Entre a morte de Gandhi e os fragmentos brancos da casca de um ovo cozido que se espalham sobre a tumba encontrada de William Tallis, o autor do roteiro desprezado, sobre a qual se lêem versos de Shelley, há uma estranha relação de necessidade.

Aquela entre significado e significante, essência do poético, e não apenas uma poética da essência, ainda que vítrea, opondo-se à ira do macaco, conforme os termos de Shakespeare, que deve ter sugerido o título da obra.

5

❖

DENTRO DA ACADEMIA, FORA DA LITERATURA*

UMA BOA DOSE DE LUGAR-comum é ingrediente fundamental no tempero das obras literárias, mesmo as mais originais.

Não fosse assim, seria impossível pensar na existência de um rico filão dos estudos literários que se dedica precisamente à existência e à transmissão daquilo que, desde tempos imemoriais, se convencionou chamar de tópicos (*topos, topoi*), ou seja, temas recorrentes em determinadas tradições literárias, tais como aqueles estudados exaustivamente por Ernst Robert Curtius, em sua monumental obra *Literatura Européia e Idade Média Latina*.

Por outro lado, a originalidade das obras é, quase sempre, uma decorrência do esforço no sentido de oferecer novas versões, que envolvem novas configurações, de lugares-comuns existentes numa determinada tradição e com os quais se defronta o criador da obra mais recente.

Novas configurações: o tema pode ser recorrente mas para que haja originalidade é indispensável que o seu tratamento, seja essencialmente de linguagem, no caso do poema, seja o de perspectiva ou de criação de personagens, no caso da ficção em prosa, a ele venha acrescentar alguma novidade, ocasionando o efeito de ruptura de uma tradição, ao mesmo tempo que significa a instauração de uma nova.

---

* Publicado originalmente como resenha do livro *Onze Minutos*, de Paulo Coelho, na revista *Cult* n. 70, 2003

Ou, para dizer com alguma contundência: os temas são limitados, em decorrência dos próprios limites da experiência, mas sem limites são as possibilidades de novos tratamentos que renovam, sem cessar, a experiência daqueles mesmos temas.

O sentido dessa renovação é o que define substancialmente uma obra, emprestando-lhe, ou não, um valor literário com relação a um certo momento da tradição.

E são numerosos, ou mesmo inumeráveis, os caminhos que se abriram e se abrem para o exercício da renovação, seja no campo específico da poesia, seja no terreno, quase sempre mais minado, da ficção em prosa.

Quem, por exemplo, negará a utilização por Baudelaire dos mais surrados lugares-comuns do romantismo, sobretudo aquilo que significou o fecundo entrelaçamento entre "a carne, a morte e o diabo", estudado de modo exemplar por Mario Praz, em livro com este título, para, não obstante, ultrapassá-lo pela criação, com *As Flores do Mal*, de 1857, da tradição moderna da poesia?

Quem não está ciente do modo pelo qual Gustave Flaubert, lendo a tradição cervantina da intoxicação pelos livros que está no *Quixote*, renova o tema pela criação de sua ultra-romântica Ema Bovary, instaurando uma das tradições mais eficazes do romance moderno?

Em ambos os exemplos, a originalidade incontestável dos respectivos criadores não está no tema (ou *apenas* no tema, porque o seu tratamento é de tal forma que o próprio tema já não se reconhece com facilidade) mas na renovação literária a que foi submetido.

Deste modo, creio que se pode afirmar que a espinhosa questão do valor das obras literárias (espinhosa como todas as questões que envolvem o valor) encontra um elemento de grande auxílio na reflexão que se dá no intervalo entre a tópica e a retórica, vale dizer, entre tema recorrente e tratamento especificamente literário.

Acrescente-se que a utilização consciente da tópica tem sido, ela mesma, um tema recorrente da literatura moderna, sobretudo a partir daqueles dois exemplos antes oferecidos.

Mas é, quase sempre, uma utilização estratégica, porque consciente, visando, ao fim e ao cabo, uma renovação que se realiza, muitas vezes, pela problematização construtiva, o que significa uma reconfiguração, do próprio lugar-comum.

Não é o caso, por exemplo, daquilo que ocorre com o último livro de Paulo Coelho que fui capaz de ler por inteiro, não obstante repetidos impulsos de desistência, e que se intitula *Onze Minutos* (Rio de Janeiro, Rocco, 2003). E o impulso de desistência, enfim domado, vinha precisamente de que aqui não se trata de utilização, mas de entrega, ou rendição total, ao lugar-comum, em que a tópica é de tal forma devoradora que os exercícios de retórica apenas servem de confirmação para sua acentuação.

Eis um exemplo, colhido ao acaso entre tantos outros possíveis, e que se refere ao primeiro beijo de Maria, a protagonista do livro:

> No dia seguinte, os dois foram caminhar por um campo nos arredores da cidade. Conversavam um pouco, Maria perguntou se ele não tinha vontade de viajar, mas em vez de responder, ele a agarrou em seus braços e lhe deu um beijo.
>
> O primeiro beijo de sua vida! Como sonhara com aquele momento! E a paisagem era especial – as garças voando, o pôr-do-sol, a região semi-árida com sua beleza agressiva, o som de uma música ao longe. Maria fingiu reagir contra o avanço, mas logo o abraçou e repetiu aquilo que vira tantas vezes no cinema, nas revistas e na TV: esfregou com alguma violência os seus lábios nos dele, mexendo a cabeça de um lado para o outro, em um movimento meio ritmado, meio descontrolado. Sentiu que, de vez em quando, a língua do rapaz tocava os seus dentes, e achou aquilo delicioso.

É, de fato, uma incrível proliferação de lugares-comuns, que inclui desde a paisagem em que se passa a cena – onde surge, para acentuar o tema, "o som de uma música ao longe!" – até a leitura interior da personagem, sem que sejam esquecidas as suas reservas morais e a influência de representações simbólicas, tais revistas, cinema e TV.

Nem mesmo certas construções frásicas escapam do esquema: assim, por exemplo, aquela cláusula "com alguma violência" que pretende acentuar a mitigada voracidade sensual da personagem.

No sentido mais amplo, aquele que diz respeito à trama propriamente dita, e que visa a narração do modo pelo qual uma pobre e indefesa moça do interior brasileiro é arrastada para a prostituição internacional, terminando por se profissionalizar em bar suíço, tudo se dá como se houvesse uma transferência romanesca daquilo que o possível leitor já acompanha pelos jornais diários e pelas revistas semanais: o lugar-comum aqui é, sobretudo, o da informação previamente consumida por aquele possível leitor.

Por todo o livro, e não se espante o leitor de minha afirmação, passa, entretanto, uma mestria singular: uma espécie de radicalização do lugar-comum que, consciente ou não, confere ao livro um valor coerente, embora negativo, não havendo, em nenhum momento, traço de originalidade.

O que permite, sem dúvida, um consumo generalizado, porque fácil e em nada problematizador, convocando todo tipo de leitor, de todos os quadrantes e línguas, menos avisado literariamente.

Para melhor esclarecimento dos procedimentos narrativos utilizados por Paulo Coelho para efetivar aquela radicalização do lugar-comum, tomem-se, por exemplo, os dois alicerces fundamentais de qualquer narrativa: a criação de personagens e o ponto de vista.

No primeiro caso, há uma espécie de biografia, no que se refere à protagonista, retalhos de um possível romance de formação, mas sem as hesitações e tensões entre o personagem e as condições da existência que fazem desse tipo de romance uma descida em profundidade na própria personalidade.

A Maria, de Paulo Coelho, responde a estereótipos femininos tais como foram sendo construídos pelas circunstâncias brasileiras, de tal modo que a protagonista somente reage de acordo com aqueles estereótipos.

Nem mesmo a utilização de um diário escrito por ela que, embora mais um lugar-comum da técnica romanesca do tipo adotado pelo autor, poderia servir para alterar a linearidade das respostas da personagem, escapa do rebaixamento do texto, pois aquilo que o informa não é o registro de reflexões pessoais sobre a complexidade da existência, mas um simples acrescentamento, pelo autor, do que a própria ação do romance já havia fornecido ao leitor. Uma programada estratégia de redundância que nada acrescenta ao conhecimento, por assim dizer, literário.

Em grande parte, tudo isso resulta do ponto de vista assumido pelo narrador.

Trata-se de um narrador onisciente que não faz valer a sua onisciência, pois os comentários e análises que, quase sempre, acompanham este tipo de perspectiva narrativa e que redundam, muitas vezes, no alto nível de complexidade que caracteriza alguns romances, no caso de Paulo Coelho são simétricos à própria compreensão do mundo e das gentes que é própria do narrador. O que significa dizer que não ultrapassam os limites do lugar-comum: na maioria das vezes, interpretações simplistas de personagens e acontecimentos. Um exemplo, ao acaso da leitura:

> A vida é às vezes muito avara: a pessoa passa dias, semanas, meses e anos sem sentir nada de novo. Entretanto, uma vez que abre uma porta – e esse foi o caso de Maria com Ralf Hart –, uma verdadeira avalanche entra pelo espaço aberto. Em um momento você não tem nada, no momento seguinte tem mais do que consegue aceitar.

Deste modo, embora sábio e astuto no uso daquilo que, lugar-comum, já é esperado pelo leitor, Paulo Coelho nada reconfigura em termos narrativos que pudesse justificar a publicação de um romance.

Creio ser essa a receita por excelência para fazer um *best-seller* mas não para uma verdadeira obra literária, mesmo porque para esta última não existem receitas.

Pode até mesmo levar o autor (como muitos outros) para a Academia, mas ele(s) permanece(m) fora da literatura.

IV

I

As Escolhas de Antonio Candido[*]

A evolução da cultura de um homem se evidencia nos livros que leu[1].

FICO IMAGINANDO COMO SERIA INTERESSANTE se algum pesquisador resolvesse fazer, com relação à biblioteca pessoal de Antonio Candido (em parte, hoje, na Biblioteca Central da Universidade Estadual de Campinas), aquilo que o próprio Antonio Candido fez com a biblioteca de seu pai, Aristides Candido de Mello e Souza, doada, em parte, por seus irmãos e pelo crítico àquela mesma biblioteca[2]. E o que ele fez foi um trecho de história das mentalidades, acompanhando a formação da biblioteca paterna (a biblioteca de humanidades, pois a especializada em medicina necessitaria de conhecimento especializado que o próprio crítico afirma não ter) em sete camadas diferentes, desde a sua formação nos anos de 1901 a 1903, quando o futuro médico eminente começava os seus estudos de ginasiano em Campinas, "ao decênio de 1930, último que viveu integral-

* Publicado com o título "Uma Biblioteca Pessoal" em dossiê sobre Antonio Candido na revista *Cult* n. 12, 1998.
1. Antonio Candido, "O Recado dos Livros", em *Recortes*, São Paulo, Companhia das Letras, 1993, p. 217.
2. *Idem*, pp. 216-221.

mente, pois morreu no começo de 1942"[3], e passando daí para a definição de um homem culto das primeiras décadas do século.

E é notável como Aristides Candido foi lendo o que podia, além dos livros e revistas de medicina com que se atualizava em sua profissão: filósofos, teóricos da sociedade, historiadores, romancistas, poetas que, em cada camada, vão revelando orientações de pensamento e sensibilidade não somente de um indivíduo mas, através dele, de toda uma época.

Para aquele pesquisador hipotético do início, a tarefa seria, sem dúvida, por um lado, facilitada pela existência das obras do próprio crítico, desde os primeiros artigos em jornais e revistas, em que é possível encontrar referências a primeiras leituras e preferências, até as obras ensaísticas que vem publicando, com enorme fecundidade, desde os anos 1940, mas, por outro lado, por sua própria variedade, o pesquisador teria um extenso trabalho de garimpagem a realizar não apenas por entre as inúmeras referências a autores e obras que ali existem, como por entre as numerosas notas bibliográficas que enriquecem os seus textos. (Em um caso, pelo menos, este possível trabalho de pesquisa seria de enormes dimensões. Penso, sobretudo, nas riquíssssimas notas biobibliográficas que Antonio Candido guardou para o segundo volume da *Formação da Literatura Brasileira*, para as quais, de um modo geral, os seus críticos têm chamado pouca atenção mas que, seguramente, têm sido responsáveis por numerosos estudos publicados, ou em andamento, pelo país afora.)

É fora de dúvida, entretanto, que, para aquele pesquisador, será fundamental o conhecimento daquela biblioteca paterna (e a materna, cujo estudo é também sugerido pelo crítico no estudo mencionado), sobretudo nos anos que correspondem à formação intelectual do crítico, digamos fins dos anos 1930, inícios dos 1940, como atmosfera de cultura familiar que terá sido, sem dúvida, de grande importância para a aprendizagem de um certo gosto pelo livro, pelas idéias e pela literatura.

Mas um dado fundamental será, para aquele pesquisador, a leitura e análise de uma relação de obras do gênero romance estabelecida pelo autor a pedido de um amigo que, naquele momento, possuía uma livraria.

3. *Idem*, p. 220.

Trata-se da resposta que ofereceu a José de Souza Pinto, então proprietário da Livraria Informática, que lhe solicitara uma lista dos "25 maiores romances".

A lista estabelecida por Antonio Candido, na verdade, são duas: aquela que conseguiu realizar, misturando, como ele diz em carta ao amigo livreiro, dois critérios, o de obras representativas do gênero e daquelas suas prediletas, mas que não chegava às 25 desejadas, sendo 21; e aquela que o próprio amigo completou com quatro outras opções sugeridas pelo crítico.

Não houve mudanças de autores, mas acréscimos de uma obra para Stendhal (*O Vermelho e o Negro*), Dostoiévski (*Os Irmãos Karamázov*), Eça de Queirós (*A Ilustre Casa de Ramires*) e Machado de Assis (*Esaú e Jacó*), ficando assim a sua lista:

1. *A Demanda do Santo Graal.*
2. Fielding, *Tom Jones.*
3. Balzac, *Ilusões Perdidas.*
4. Stendhal, *A Cartuxa de Parma.*
5. Stendhal, *O Vermelho e o Negro.*
6. Flaubert, *Madame Bovary.*
7. Dickens, *Grandes Esperanças.*
8. Tolstói, *Guerra e Paz*
9. Dostoiévski, *Os Demônios.*
10. Dostoiévski, *Os Irmãos Karamázov.*
11. Verga, *Os Malavoglia.*
12. Eça de Queirós, *Os Maias.*
13. Eça de Queirós, *A Ilustre Casa de Ramires.*
14. Machado de Assis, *Quincas Borba.*
15. Machado de Assis, *Esaú e Jacó.*
16. Conrad, *Lord Jim.*
17. Proust, *Em Busca do Tempo Perdido.*
18. Kafka, *O Processo.*
19. Oswald de Andrade, *Memórias Sentimentais de João Miramar.*
20. Mário de Andrade, *Macunaíma.*
21. Graciliano Ramos, *São Bernardo.*
22. José Lins do Rego, *Fogo Morto.*
23. Thomas Mann, *Doutor Fausto.*
24. Dino Buzzati, *O Deserto dos Tártaros.*
25. Guimarães Rosa, *Grande Sertão: Veredas.*

Algumas observações sobre as escolhas: embora constem três escritores de língua inglesa, Fielding, Dickens e Conrad, não figura qualquer norte-americano; seis escritores brasileiros estão presentes; não existe nenhum hispano-americano, enquanto compareçem dois italianos, Verga e Buzzati, e dos escritores franceses do século XX, apenas Proust. A única escolha, por assim dizer, destoante de um quadro tradicional da narrativa romanesca, vista a partir do século XX, é a primeira: a opção pela *Demanda do Santo Graal* é, talvez, a de quem tem dedicado grande parte de sua vida intelectual ao estudo mesmo do imaginário romanesco e que foi matéria de um curso memorável oferecido na Universidade de São Paulo em fins dos anos 1960. É, assim, uma lista estrita, com grande dominância, excetuado o caso brasileiro, da literatura do século XIX.

Por outro lado, no entanto, pela leitura da carta que acompanhou a lista enviada, percebe-se que esta poderia ter sido outra, fosse ela mais ampla, tendo ficado de fora, em face dos critérios do autor, obras que ele mesmo nomeia, afirmando a certa altura:

[...] ficam de fora muitos livros queridos, mas de nível modesto, como *As Minas de Salomão*, de Ridder Haggard, *O Prisioneiro de Zenda*, de Anthony Hope, *O Cão dos Baskerville*, de Conan Doyle, para não falar em Alexandre Dumas. Ficam também de fora alguns entre os máximos, que não constituem todavia para mim leituras prediletas e habituais, embora se espere que entrem nas listas desse tipo: *Pantagruel, Dom Quixote, A Princesa de Clèves, Tristram Shandy, Os Noivos, Ana Karênina, Ulisses, Barulho e Furor*, etc.

E, considerando a impossibilidade de chegar aos 25 romances solicitados ou, pelo contrário, na possibilidade de ultrapassar este número, quando completa a primeira lista de 21, afirma:

[...] vejo que não fixarei os 25, porque, ou paro por aqui, ou vou para lá dos 30. Se a *Odisséia* pudesse ser incluída como romance eu iria aos 22. Se não, talvez fosse aos 24 com três muito diferentes entre si, que estou sempre relendo e são quase obras-primas: *A Brasileira de Prazins*, de Camilo Castelo Branco, *O Amanuense Belmiro*, de Cyro dos Anjos, *Le Rivage des Syrtes*, de Julien Gracq.

São alguns elementos possíveis de serem extraídos de uma lista de

"25 maiores romances", embora não seja uma lista de qualquer um e sim daquele que é, sem qualquer sombra de dúvida, o melhor crítico e historiador literário do Brasil, e possivelmente da América Latina, no século XX.

Ao meu pesquisador hipotético do futuro caberá o belo trabalho de traçar o perfil aproximado, sempre aproximado, de sua biblioteca pessoal.

2

Imagine Maduros*

Para quem gosta de uma boa prosa, a publicação deste livro de Augusto Meyer (1902-1970) reunindo textos dispersos pela imprensa entre 1966 e 1967, conforme se anuncia na quarta capa, coligidos, organizados e introduzidos por Tania Franco Carvalhal, autora de duas teses universitárias sobre o poeta e crítico gaúcho, é um banquete.

Chama-se *Os Pêssegos Verdes* e é uma edição da Academia Brasileira de Letras, de 2002, em sua nova (e boa) fase editorial.

O título, que pode soar estranho para livro de crítica, é esclarecido pela organizadora na introdução:

> Finalmente, quanto ao título, *Os Pêssegos Verdes*, é necessário esclarecer que o próprio Augusto Meyer o escolheu, como comprova a indicação constante da contracapa do volume *Machado de Assis 1935-1958*, editado no ano do cinqüentenário da morte do autor de *Brás Cubas* pela Livraria São José. Ali se anuncia, ao lado dos títulos de um *Curso de Teoria da Literatura* e do já mencionado volume III da memorialística, *Becos da Memória*, o de um volume de crônicas, *Os Pêssegos Verdes*. Tais indicações coincidem com anotação encontrada em um de seus Cadernos de Apontamentos no qual há uma listagem de "Obras do autor" idêntica à publicada.

Mas serão mesmo verdes estes pêssegos? E verdes em relação a que maduros?

---

* Publicado na *Gazeta Mercantil* em 21.3.2003.

Creio que a datação dos textos e a divisão da matéria, tal como é proposta pela organizadora, pode nos dizer alguma coisa a respeito.

De início, ficou dito que, de acordo com a quarta capa, o livro reúne ensaios dispersos pela imprensa entre 1966 e 1967. Faço agora uma correção: dos vinte e oito textos, dez foram publicados ou nos anos 1940 (dois), ou nos anos 1950 (cinco), ou nos anos 1960 mas anteriores a 1966 (três).

Por outro lado, dividido em dois blocos – *Os Pêssegos Verdes* e *Estudos Rio-grandenses* – apenas dois ensaios do primeiro não correspondem aos anos 66-67: *Nota Barroca*, de 1952, e *Machado em Variante*, de 1960, enquanto que, no segundo bloco, dos doze textos que o compõem, oito são de anos ou décadas anteriores.

Vê-se, portanto, que a maioria absoluta dos ensaios que constituem o núcleo principal do volume, e que dá título ao livro, são posteriores aos dois livros de crítica organizados pelo próprio Augusto Meyer: *A Chave e a Máscara*, de 1964, e *A Forma Secreta*, de 1965. Escritos e publicados, portanto, numa fase de pleno amadurecimento do crítico, já sexagenário e com o seu lugar na história da crítica brasileira definitivamente conquistado e reconhecido.

O mesmo já não se pode dizer com relação aos ensaios reunidos na segunda parte: em sua grande maioria próximos, em termos de época, aos livros ou iniciais do autor, e é o caso daqueles escritos e publicados nos anos 1940, como *Prosa dos Pagos*, de 1943, e *A Sombra da Estante*, de 1947, ou contemporâneos daquelas obras que, publicadas nos anos 1950, começavam a configurar o crítico maior que viria ser em seguida, e penso, sobretudo, em *Le bateu îvre: Análise e Interpretação*, de 1955, *Preto & Branco*, de 1956, e em *Camões, o Bruxo, e Outros Estudos*, de 1958.

Deste modo, acredito que a denominação de *Pêssegos Verdes* para um volume de crônicas literárias que, segundo a organizadora, seria do próprio Augusto Meyer, pensada por ele em finais dos anos 1950, ou mesmo constante de suas anotações anteriores, antes se pode referir aos textos reunidos na segunda parte deste livro – *Estudos Rio-grandenses* – do que àqueles constantes da primeira. Seriam verdes aqueles ensaios anteriores ao conjunto datado de 1966-1967.

(Mesmo assim, tenho minhas dúvidas: todos os textos de temas ligados ao Rio Grande do Sul são posteriores à data de primeira edição do volume em que reuniu seus magistrais estudos rio-grandenses, *Prosa dos Pagos*, que é de 1943, e, portanto, não são tão verdes assim.)

Mas, deixemos para lá essa arenga de cronologia e de semântica que teve apenas um objetivo: o de acentuar o amadurecimento crítico desses textos que Tania Maria Carvalhal soube, com extrema sensibilidade para aquilo que é essencial no poeta e no crítico, acrescentar ao conjunto já publicado de sua obra.

Ainda mais porque Augusto Meyer possuía um amadurecimento mais difícil de encontrar e que, por isso mesmo, desfaz qualquer traço de importância na antinomia verde e maduro: o da própria linguagem crítica que, sendo muito pessoal e conquistada pela experiência poética, constitui o que há de inconfundível em seu estilo.

Um estilo que trazia para o interior da reflexão crítica, possibilitando maior acessibilidade, aquilo que ele mesmo anota como contribuição do estilo em Camões:

> [...] tentou corrigir a disciplina erudita e sua rigidez um tanto monótona com a assimilação do falar espontâneo, o que é o grave problema de todo escritor consciente, empenhado, não em neologias enfáticas, que passarão fatalmente com os ventos e as modas, mas na humilde conciliação do falado com o impresso, do escrito com o inescrito.

E onde poderia ocorrer melhor maneira para essa correção do que no jornalismo cultural, lugar em que aquela acessibilidade referida se transforma sempre num jogo de vida e morte para a sua permanência?

E foi precisamente aí, no jornal, que Augusto Meyer realizou-se como crítico, sabendo aproveitar daquele espaço para, através de textos curtos e impregnados de algumas técnicas próprias do jornalismo, como a criação, por exemplo, de ganchos (no seu caso, quase sempre mais anzóis do que simples motivos) que puxam o leitor para a leitura, ainda que o título possa, num primeiro momento, afugentá-lo.

É o caso, aqui neste livro, do ensaio, cujo título, "Ecdótica", tem tudo para afastar o leitor de jornal, mas que começa de modo irresistível:

Jesus não deixou nada escrito. O que se pode afirmar, com abonação evangélica, é que certa vez andou escrevendo no chão, com o dedo no chão, explica o seu discípulo amado. Foi quando escribas e fariseus lhe trouxeram a mulher apanhada em adultério, perguntando: "Mestre, devemos apedrejá-la como a Lei manda?" Assim diziam, para que tivessem de que o acusar, ou de um modo, ou de outro. Manifestando-se pela punição, seria fácil acusá-lo de crueldade e incoerência, junto aos seus; optando pelo perdão, feria a lei de Moisés.

Uma vez fisgado por este texto inicial, que parece passar, por sua leveza, ao largo das caturrices que, com freqüência, envolvem a Ecdótica, o leitor é levado muito naturalmente à reflexão mais ampla acerca do trabalho da recuperação, correção e transmissão dos textos, sendo lembrado pelo crítico das omissões habituais do texto bíblico citado inicialmente e desembocando na importância da Ecdótica a partir da leitura de uma obra então recente sobre o assunto:

E assim, entre a cópia fiel e a leitura infiel do copista, entre uma reprodução escrupulosa e uma omissão que pode ser bem ou mal intencionada, os textos mais sublimes iam pouco a pouco engrossando de erro, adoecendo de preconceitos, minguando de lacunas, sem falar no concurso devastador das destruições. Como chegaram até nós? pergunta o leitor. É o que vem esclarecer numa primeira tentativa de síntese menos incompleta, esta obra de enorme importância para a Ecdótica: *Geschichte der Textüberlieferung der antiken und Mittelalterlichen Literatur*, org. de Herbert Hunger *et al.* (Atlantis Verlag, Zurich, 1961-1964, II vols.).

É desta rara, raríssima, combinação de seriedade e disciplina erudita com o desafogo da linguagem, em que o sopro do inescrito aviva a matéria pesada do escrito, que são feitos os textos deste livro.

Repito: um verdadeiro banquete de boa prosa, para o qual o leitor está convidado.

3

Lembrança de Roberto Ventura

I

Não faz muito tempo (e tudo não parece fazer muito tempo quando se trata de uma vida breve), o jornal *Folha de S. Paulo*, em seu caderno de cultura *Mais!*, publicava um texto curioso e surpreendente: uma análise assinada por Roberto Ventura (1957-2002) do seriado norte-americano de televisão *Arquivo X*.

Era curioso porque aplicava à série televisiva o mesmo rigor e atenção para os detalhes com que o jovem crítico estava habituado a ler textos literários e históricos. Mas só era surpresa para aqueles que conheciam apenas superficialmente Roberto Ventura.

Para mim, que vinha convivendo com Roberto Ventura desde os anos 1980, mais precisamente desde a sua defesa de dissertação de mestrado em 1982, nada tinha de surpreendente.

Eu já me acostumara a apreciar, em Roberto Ventura, a combinação rara de um jovem erudito, sobretudo em assuntos brasileiros, mas não só, e de um intelectual atento para o que ocorria à sua volta, informando-se e refletindo sobre as mais variadas formas de arte e de comunicação. O texto sobre a série de televisão, portanto, era apenas mais uma manifestação pública daquela combinação.

Por outro lado, não surgira do nada: fora uma conquista metódica de uma personalidade crítica e de um estilo a ela correspondente e, na verdade, se tudo se organizara melhor a partir da defesa de sua dissertação de mestrado, realizada sob a orientação do professor Silviano Santiago, cujo título já estampava um traço libertário com relação aos rigores acadêmicos (*Cara de um, Focinho do Outro: Crítica, História e Polêmica em Sílvio Romero*), a formação do moço estudioso e sério nas questões da cultura se fizera já nos anos 1970, por entre a efervescência cultural das pequenas revistas e dos jornais alternativos ao mesmo tempo em que se dividia nos estudos regulares de economia (na FGV) e de letras (na Universidade Santa Úrsula do Rio de Janeiro).

A sua dissertação de mestrado, em que fazia uma análise e interpretação do grande crítico Sílvio Romero no conjunto das idéias polêmicas que agitaram o Brasil intelectual na segunda metade do século XIX, defendida quando mal completara os 25 anos, era um *tour de force* admirável, sobretudo em saber articular a leitura de nossa tradição de crítica e história literárias (o que, de fato, significava o repassar de uma extensa e nem sempre palatável bibliografia) e um amplo conhecimento factual da história cultural brasileira, o que envolvia não apenas a história propriamente, mas aspectos sociais e filosóficos de grande complexidade.

E tudo isso acionado por um discurso crítico de timbre moderno, e mesmo atual, quando a linguagem crítica incorporava um ritmo capaz de ir dando conta do dinamismo próprio dos assuntos a que servia.

Neste sentido, só havia um exemplo anterior em nossa história crítica em que Roberto Ventura podia se espelhar: o estudo, também acadêmico, de Antonio Candido, *Introdução ao Método Crítico de Sílvio Romero*, tese de cátedra defendida na USP, em 1945.

No entanto, se o estudo de Antonio Candido, em face mesmo de seu caráter pioneiro e desbravador, era antes de mais nada uma visão de conjunto de Sílvio Romero, análise e interpretação de seus fundamentos crítico-historiográficos, a dissertação de Roberto Ventura avançava no sentido de escolher um ângulo certeiro de aproximação ao crítico, discutindo as razões de ser e as modulações de seu estilo de polemista e arrastando para a sua arena aqueles outros discursos com que polemizava. (A este estilo chamará depois, quando refizer o texto para a publicação, *estilo tropical*, mais uma vez acertando na metáfora indutora de uma perspectiva adequada para a definição cultural.)

Como toda boa dissertação de mestrado, boa para quem lê, mas, sobretudo, boa para quem a sabe realizar, a de Roberto Ventura significou para ele o encontro com um objeto de pesquisa que se haveria de desdobrar em seguida. Na verdade, o estudo acerca de Sílvio Romero e de toda uma geração de críticos e historiadores literários com que mantinha uma conversa infindável em seus próprios livros (basta atentar para o estilo de conversa que atravessa a seriedade erudita dos dois volumes de sua *História da Literatura Brasileira*, de 1888, para não falar em suas obras mais caracteristicamente polêmicas) criou, para Roberto Ventura, o campo privilegiado a partir do qual pôde buscar alguns dos itens fundamentais da discussão cultural mais ampla, como, por exemplo, a situação social do escritor entre os fins do século XIX e inícios do XX, e suas respostas a temas candentes como mestiçagem, escravidão e mobilidade social.

É exatamente essa maior abertura para as questões culturais que vai permitir a Roberto Ventura, cinco anos depois de sua dissertação, a apresentação de sua tese de doutoramento, em duas ocasiões: em primeiro lugar, como trabalho defendido na Ruhr-Universität Bochum, Alemanha, com o titulo de *Escritores, Escravos e Mestiços em um País Tropical: Literatura, Historiografia e Ensaísmo no Brasil*, orientada por Hans Ulrich Gumbrecht, e, em segundo lugar, como tese à Universidade de São Paulo, por mim orientada, sob o título de *Escritores, Escravos e Mestiços em um País Tropical: Raça e Natureza na Cultura Brasileira (1825-1933)*, em que a modificação do subtítulo indica precisamente o avanço da pesquisa e da reflexão para meados do século XX, em que a última data corresponde à da publicação do ensaio inovador de Gilberto Freyre, *Casa-Grande & Senzala*, obra sobre a qual, diga-se de passagem, o próprio Roberto Ventura escreveu um pequeno livro introdutório – *Folha Explica Casa-Grande & Senzala* –, publicado em 2000, em que inova até nas epígrafes utilizadas: a primeira é um poema de João Cabral, para o seis capítulos seguintes são de um poema de Manuel Bandeira e, para o sétimo e último capítulo, é outro poema de João Cabral. Pernambucanos que abrem e fecham o livro bem pensado, bem escrito, valioso, sobre outro pernambucano.

A tese brotava tão naturalmente da dissertação que não houve, como de costume nas universidades, publicações em separado, quando dissertações e teses são transformadas em livros: foram necessários mais quatro anos para que Roberto Ventura conseguisse reescrever dissertação e tese, dando-lhes uma unidade de livro que foi publicado pela Companhia das Letras, em 1991, sob o titulo de *Estilo Tropical: História Cultural e Polêmicas Literárias no Brasil, 1870-1914*, embora o texto defendido na Alemanha tivesse sido publicado, no mesmo ano de sua apresentação, 1987, pela W. Fink, de Munique.

(Vá dito, entre parêntese, que, três anos antes de defender suas teses de doutorado, Roberto Ventura havia publicado, em 1984, com Flora Süssekind, pela Editora Moderna, o livro *História e Dependência: Cultura e Sociedade em Manoel Bonfim*, uma antologia de textos do historiador, médico e sociólogo, precedida de um estudo dos autores acerca dos alcances e limites do uso da metáfora biológica para os estudos de cultura, tal como utilizada pelo autor de *A América Latina: Males de Origem*. Manoel Bonfim, que tinha sido um daqueles autores com quem polemizara Sílvio Romero e que, por isso, era tratado por Roberto Ventura em sua dissertação, deve, sem dúvida, a essa antologia a sua maior difusão moderna. Antes era pouco lido e mesmo pouco conhecido pelas gerações mais novas.)

Em 1983, portanto há exatos vinte anos, Roberto Ventura escrevia um texto, apresentado em colóquio realizado em Dubrovnik, na então Iugoslávia, que tinha por assunto Euclides da Cunha e Canudos e que se intitulava *A Nossa Vendéia: Canudos, o Mito da Revolução Francesa e a Formação de Identidade Cultural no Brasil (1897-1902)*, somente publicado em 1990 na *Revista do Instituto de Estudos Brasileiros*.

Creio ser este o primeiro texto a denotar a preocupação de Roberto Ventura com Euclides da Cunha e Canudos. Preocupação que somente é interrompida pelos trabalhos de tese e preparação do livro que publica, como já foi dito, em 1991.

A partir deste ano, como ele próprio esclarece em seu memorial para o concurso de livre-docência, realizado na USP, tendo obtido uma bolsa do CNPq e um contrato com a editora Companhia das Letras, volta-se inteiramente para o autor de *Os Sertões,* escrevendo numerosos ensaios sobre ele (muitos dos quais comporão o trabalho apresentado na livre-docência) e iniciando as pesquisas para escrever a biografia dele.

Na Universidade de São Paulo costuma-se dizer que a partir do concurso de livre-docência o professor adquire autonomia, pois é o primeiro concurso da carreira a que um docente se submete sem ter um orientador (na verdade, é quase um trocadilho: com a livre-docência, o docente estaria livre). No caso de Roberto Ventura, a autonomia conquistada, com distinção e louvor, significava a dedicação integral ao seu projeto euclidiano: uma biografia que era pensada por ele, segundo pude interpretar das numerosas conversas que tivemos a respeito, antes como um ensaio biográfico do que como uma biografia em que a vida do autor fosse o único e exclusivo interesse.

II

O que significa dizer que o trabalho era antes um ensaio biográfico do que uma biografia *tout court?* Creio que muito e é sobre isso que quero agora passar a refletir.

A escritora Virginia Woolf, que, além de extraordinária ficcionista, foi também biógrafa (a sua biografia do crítico e homem de letras Roger Fry é reconhecida como das melhores escritas em inglês) e ensaísta preocupada com os problemas da biografia, escreveu um texto intitulado "Granito e Arco-íris", que hoje faz parte do livro de ensaios com esse título, em que, usando uma metáfora precisa, discute as dificuldades com que se defronta o biógrafo. Diz ela:

De um lado, existe a verdade; de outro, a personalidade. E se pensarmos em verdade como algo com a solidez do granito e em personalidade como algo da intangibilidade do arco-íris e se refletirmos que o objetivo da biografia é juntar os dois num conjunto homogêneo, devemos admitir que o problema é um osso duro de roer e que não devemos nos espantar se os biógrafos têm falhado, na maioria das vezes, em resolvê-lo.

Traduzindo para o vernáculo, como talvez dissesse Machado de Assis, o texto de Virginia Woolf apreende uma questão de base do trabalho da biografia: a relação entre aquilo que se traduz em termos de pesquisa, quando o biógrafo busca se assenhorear de tudo o que significou a existência concreta do sujeito, seu objeto de pesquisa, acumulando dados e datas, e de como esse sujeito expressou tudo isso em termos de obras que, por sua vez, traduziram os movimentos principais da personalidade.

Ao primeiro conjunto (o que diz ser a verdade), a ensaísta chama granito; ao segundo, arco-íris. E como se dá a relação entre os dois conjuntos, isto é, entre o sólido do granito e o intangível do arco-íris? É precisamente aí, nesse volúvel e rico intervalo, que entra a arte do biógrafo, não apenas aquele que estabelece a realidade factual de uma existência, acumulando dados e datas, mas criando passagens entre este acúmulo e o imaginário que se objetivou em obras, compondo a riqueza da personalidade.

E assim como existem romancistas que tratam seus personagens como se fossem objeto de uma biografia (ou mesmo de uma autobiografia, como acontece com freqüência em alguns dos romances da mencionada Virginia Woolf), ao biógrafo cabe, muitas vezes, o papel de um romancista que, a partir de fragmentos de uma existência, busca reconstruir uma individualidade inteiriça e dotada de coerência e verossimilhança, fundindo granito e arco-íris.

É, de fato, um penoso e complexo trabalho que foi descrito, de modo admirável, por um grande biógrafo e ensaísta, Leon Edel, autor da magistral biografia de Henry James.

Diz Edel, no seu precioso pequeno livro *Literary Biography*:

O biógrafo é convocado para tomar os metais básicos que são seus fatos disparatados e transformá-los no ouro da personalidade humana, e nenhum processo químico foi ainda descoberto pelo qual esta mudança pode ser realizada. É uma espécie de alquimia do espírito; para ter sucesso o biógrafo deve conseguir o inusual – e o quase impossível – ato de incorporar em si mesmo a experiência do outro ou, dir-se-ia, tornar-se por um instante aquela outra pessoa, mesmo enquanto permanecendo si mesmo. Isto não significa que deva ser um ator. O ator entra na pele de um personagem e continua aquele personagem no palco, dissimulando totalmente seu ser real. Ao biógrafo também é pedido entrar na pele de seu assunto; ele se transfere a si mesmo algumas vezes para outra época, algumas vezes mesmo muda o seu sexo; assume a carreira de um outro, o próprio piscar de seus olhos ou o dar de seus ombros: não obstante ele preserva sua própria mente, seu próprio sentido de equilíbrio e seu próprio olhar de avaliação. Ele deve ser apaixonado, embora distante, envolvido, embora não comprometido. Ser frio como o gelo na avaliação, embora quente, humano e compreensivo, eis o dilema do biógrafo.

Desta maneira, o trabalho do biógrafo envolve simultaneamente tudo aquilo que é levantamento de dados, leitura dos documentos existentes (aí incluídas as obras de seu assunto de pesquisa), consulta a fontes primárias e secundárias, busca de dispersos e inéditos, e a criação até certo ponto imaginária, o que não significa dizer gratuita, de uma rede de imagens e metáforas que possam traduzir para o leitor da biografia o teor das relações estabelecidas pelo biógrafo entre o granito escavado pela pesquisa e a composição de um arco-íris que foi possível ter e apreender por meio daquela criação.

É exatamente as passagens de uma para outra fase do trabalho que exigem do biógrafo o experimento de linguagem, a escolha das adequações, as imagens e metáforas que sejam capazes de intensificar aquelas relações referidas. Numa palavra, o exercício do ensaio, pensado como busca e aproximação.

Creio que era por tudo isso que Roberto Ventura, pelo menos nas conversas que com ele tive, falava antes em ensaio de biografia do que em biografia *tout court*, como já disse.

Mais ainda: pelo que se pode ler daquilo que foi deixado por Roberto Ventura – e penso não apenas no esboço de biografia de Euclides da Cunha recentemente localizado, com a bibliografia e a cronologia incluídas, mas ainda em alguns textos sobre o autor de *Os Sertões* que compõem o trabalho apresentado em seu concurso de livre-docência, assim como o livro, que apareceu póstumo, no mesmo ano de sua morte, 2002, *Folha Explica Os Sertões* –, não tenho dúvidas em afirmar que, ao morrer, Roberto Ventura, no que diz respeito a seu projeto euclidiano, estava precisamente passando da fase do granito para a do arco-íris, em que já se podia vislumbrar o modo pelo qual realizaria aquele *conjunto homogêneo*, a que se refere Virginia Woolf no texto citado.

Os textos de Roberto Ventura referidos dão conta de um completo domínio do autor que seria por ele biografado.

Não apenas lera e relera a sua obra, de cuja biografia dera um pequeno exemplo no livro de explicação de *Os Sertões*, como já a dominava de tal maneira que não lhe era difícil estabelecer relações entre os vários e numerosos ensaios escritos e publicados por Euclides da Cunha, ou mesmo aqueles deixados dispersos, ou inéditos, a correspondência do escritor e outros documentos a que teve acesso. Já podia, portanto, experimentar a sua argúcia de leitor crítico analisando e interpretando algumas imagens e metáforas euclidianas decisivas na constituição do estilo intrincado e complexo do escritor.

Assim, por exemplo, Roberto Ventura estabelece uma sutil e rica relação entre a interpretação que dera Euclides da Cunha da tragédia que representou a luta de Canudos e sua formação literária à base dos trágicos gregos aliada à tradição épica e trágica que, através sobretudo de uma formação francesa, adquirira em seus estudos pela vida afora.

Diz ele, no pequeno e precioso volume sobre *Os Sertões:*

Os Sertões é uma obra que transita entre a literatura, a história e a ciência, ao unir a perspectiva científica, de base naturalista e evolucionista, à construção literária, marcada pelo fatalismo trágico e por uma visão romântica da natureza. Euclides recorreu a formas de ficção – como a tragédia e a epopéia – para compreender o horror da guerra e inserir os fatos num enredo capaz de ultrapassar sua significação particular.

O escritor dizia ser ele próprio um "misto de celta, de tapuia e grego", para falar do encontro de sua educação brasileira com a cultura greco-francesa. Tal encontro o levara à poesia romântica, à ciência naturalista e à retórica clássica, cujos recursos empregou, com grande riqueza vocabular, nas inúmeras alusões, comparações e metáforas de *Os Sertões*. Em carta ao poeta Vicente de Carvalho, de 10 de fevereiro de 1909, referiu-se à fatalidade como a "Maldade obscura e inconsciente das coisas", que inspirou a concepção trágica dos gregos.

Viu Canudos como desvio histórico capaz de ameaçar a "linha reta" que seguia desde a juventude, concebida como a fidelidade às crenças republicanas. Freqüente nas cartas aos amigos e familiares, a imagem da linha reta, de inspiração geométrica, deu forma à retidão de caráter que procurou manter ao longo da vida e se ligava ao conceito linear e evolutivo de história, adotado por positivistas e evolucionistas, que acreditavam no aperfeiçoamento progressivo do homem e da sociedade.

Ou ainda a proposta de uma reflexão sobre as vidas paralelas que se manifestariam entre a de Euclides da Cunha e de seu protagonista de Canudos, o Conselheiro, segundo os traços da tradição biográfica plutarquiana, tudo evoluindo para o desfecho trágico, depois de passar pela experiência dos dramas familiares que ambos, Euclides da Cunha e o Conselheiro, foram obrigados a suportar.

Diz Roberto Ventura:

> Como o Conselheiro, Euclides teve um fim trágico. Ambos foram órfãos de mãe e construtores itinerantes, um de capelas, igrejas e cemitérios, o outro de pontes, escolas e estradas. Os dois tiveram o destino marcado pelo adultério das esposas, pela luta sangrenta das famílias contra seus inimigos e pelas posições que assumiram ante a República: um de feroz oposição, o outro de adesão entusiástica, seguida de crítica mordaz. Ambos tiveram fé – o líder religioso na força redentora da devoção e do ascetismo; o escritor no poder transformador da literatura, da ciência e da arte. [...]
>
> O fim de Euclides foi contraditório com sua obra, pois *Os Sertões* é um manifesto contra a violência, em que critica o código ancestral de reparação das ofensas à honra por meio de sangrentas desforras, que teve funestas conseqüências na vida familiar de Antonio Conselheiro e na própria guerra de Canudos.

Esses textos confirmam a maravilhosa tensão entre granito e arco-íris em que estava vivendo o biógrafo Roberto Ventura: uma busca por um espaço de reflexão que pudesse criar a possibilidade de pensar o lugar de Euclides da Cunha entre o pesquisador da história e da ciência, que ele foi, e o escritor que transformou aquela pesquisa em fino e permanente tecido de arte literária.

Neste sentido, quero lembrar uma das últimas conversas que tivemos em que eu, um pouco assumindo a posição de advogado do diabo, propunha a Roberto (agora o amigo querido em que eu via renascer, para mim, o jovem arguto e capaz de aceitar, com a maior civilidade, os desafios intelectuais) a seguinte questão: Euclides da Cunha, assim como mais uns poucos, fora antes um escritor e só depois um intérprete do Brasil.

A interpretação que resulta de sua obra está intimamente vinculada a uma criação que antecede qualquer desejo de análise da realidade. Primeiro o criador literário e somente depois, por conseqüência, o intérprete.

O problema teórico maior é que, depois de realizada, a obra (*Os Sertões*) desfaz primazias e o leitor não é mais capaz de distinguir o escritor, o criador literário, do estudioso da história e da ciência. (E o exemplo anterior que me ocorria, naquela conversa de provocação, era a análise que havia feito Karl Vossler da obra de Jacob Burckhardt, *A Cultura do Renascimento na Itália*, definida pelo filólogo e crítico como "obra de arte da linguagem", para além da história e da pesquisa científica.)

Roberto ficou de pensar seriamente no assunto. Fiquei com a impressão de que havia tocado num ponto nevrálgico de seu projeto.

Faltou muito pouco para que a resposta fosse dada na criação daquele *conjunto homogêneo*, em que o granito ganha a leveza e o colorido do arco-íris.

Mas o que ficou já aponta para uma sensibilidade crítica capaz de realizar aquele conjunto.

Compete a seus leitores, a sua posteridade, refazer, pela leitura, a obra que estava se constituindo.

4

Paixão e Melancolia da Leitura*

A crítica norte-americana Barbara Herrnstein Smith escreveu um livro muito instigante sobre como terminam os poemas. Creio que se poderia escrever outro sobre como começam os ensaios críticos.

Entre a leitura e a escrita sobre a leitura, há um momento delicado e incerto em que o leitor, agora emulando o escritor, busca refazer uma experiência que foi pessoal, criando um novo espaço de linguagem que seja capaz de articular idéias, sugestões, emoções despertadas pela linguagem anterior da obra lida. Este momento é, certamente, aquele em que é dado o tom do ensaio.

Mais ainda: um momento em que se percebe a intensidade com que a leitura abre para outro leitor, o do ensaio crítico, a possibilidade de tomar parte, ele também, numa experiência de leitura original e primeira.

A leitura de uma leitura: mecanismo de reprodução que é, em grande parte, responsável pela continuidade daquilo que se costuma chamar de experiência da literatura.

A intensidade referida é outro nome para nomear as gradações possíveis da paixão pela leitura que traduz a maneira pela qual o primeiro leitor e autor do ensaio crítico entrega-se àquelas idéias, sugestões e emoções da obra.

---

* Publicado na *Gazeta Mercantil* em 29.3.2003.

Mas é uma entrega paradoxal, uma espécie de rendição estratégica que prepara uma volta armada (a expressão ecoa, para mim, o título de um "estudo sobre os métodos da crítica literária moderna", *The Armed Vision* [*A Visão Armada*] escrito nos anos 1940 por Stanley Edgar Hyman) por tudo o que a obra foi capaz de oferecer e não o seu desprezo.

Nessa volta, entretanto, há um segredo: é que os elementos oferecidos pela obra lida são acrescentados por todos aqueles outros que fazem parte da experiência anterior do leitor, quer os que decorrem de outras leituras, quer os que constituem a própria identidade do leitor como participante de um espaço e de um tempo determinados.

E, por isso, existem leitores mais ou menos equipados para a leitura. Aqueles que conversam com um número maior de textos no próprio ato da leitura de uma única obra, e envolvem nesta conversa uma experiência larga do mundo e dos homens, e aqueles que tangenciam um monólogo solipsista pela menor experiência dos textos, dos homens e do mundo.

E assim se inicia este ensaio crítico que busca registrar (e convidar para ela o eventual leitor segundo) uma leitura do livro de George Steiner, *No Passion Spent: Essays 1978-1996* (ou *Nenhuma Paixão Desperdiçada*, na tradução da Record, de 2001), elegante edição inglesa da Faber and Faber que traz na sobrecapa, como ilustração, o quadro *Le Philosophe lisant* [*O Filósofo Lendo*], de Chardin, também reproduzido no verso da falsa folha de rosto, e que é assunto do primeiro texto da coletânea, *The Uncommon Reader* [*O Leitor Incomum*].

É o único texto dos anos 1970: todos os demais, totalizando vinte e um, pertencem aos anos 1980 e, sobretudo, aos anos 1990.

Eu já o tinha lido em forma de opúsculo, resultado, creio, de uma conferência proferida em biblioteca de New York, onde o encontrei em sebo.

Lido agora, como texto inicial de um livro de ensaios, ele assume uma outra dimensão e ganha nova coerência: é, por assim dizer, o diapasão pelo qual se mede o timbre dos demais textos do livro.

É, ao mesmo tempo, um exercício de paixão e de melancolia e não poderia ser diferente, pois se, por um lado, exalta as virtudes da leitura que o quadro de Chardin propõe – a figuração do leitor que, armado de todos os utensílios então utilizados para a atividade de leitura, tais como pena para as anotações possíveis, lentes de aumento para melhores identificações ou até mesmo uma ampulheta para, quem sabe, marcar o tempo de leitura –, por outro, registra a impossibilidade de continuidade desse "leitor incomum" nos tempos atuais, por onde ressalta a metáfora que a imagem da ampulheta possa conter pela indicação de um tempo de leitura antes medido pelo passar lento da areia de um cone a outro do que pelo mecanismo sofisticado dos nossos relógios de quartzo.

O começo do ensaio de Steiner já é por si revelador, como costuma acontecer, da tonalidade não somente do ensaio, mas de todo o livro: uma prosa que informa o leitor mas que, informando, vai criando espaços de análises, giros interpretativos que antes criam problemas do que oferecem soluções. Observe-se:

O *Filósofo Lendo* de Chardin foi terminado em 4 de dezembro de 1734. Pensa-se ser um retrato do pintor Aved, um amigo de Chardin. O assunto e a pose, um homem ou uma mulher lendo um livro aberto sobre uma mesa, são freqüentes. Formam quase um subgênero de interiores domésticos. A composição de Chardin tem antecedentes em iluminuras medievais em que a figura de São Jerônimo ou algum outro leitor é ela mesma ilustrativa do texto que ilumina. O tema permanece popular até bem entrado o século dezenove (testemunha isso o célebre estudo de *Baudelaire Lendo* por Courbet ou os vários leitores pintados por Daumier). Mas o motivo de *le lecteur (o leitor)* ou *la lectrice (a leitora)* parece ter gozado uma prevalência particular durante os séculos dezessete e dezoito e constitui um laço, de que toda a produção de Chardin foi representativa, entre a grande época dos interiores holandeses e o tratamento de assuntos domésticos à maneira clássica francesa. Por si mesmo, portanto, e em seu contexto histórico, O *Filósofo Lendo* envolve um tópico comum tratado convencionalmente (embora por um mestre). Considerado em relação a nosso próprio tempo e códigos de sentimento, contudo, esta expressão *vulgar* aponta, em quase cada detalhe e princípio de significado, para uma revolução de valores.

Na verdade, é desta última que trata o ensaio, seguindo uma pormenorizada leitura do quadro e saindo do quadro para os vários hábitos de leitura através das épocas, chegando aos dias atuais, onde Steiner sonha com "escolas de leitura criativa", imaginadas a partir das usuais "escolas de escrita criativa", cujo programa é delineado nos últimos parágrafos do texto.

E, em seguida, terminando o ensaio, a nota de melancolia:

As alternativas não são tranqüilizadoras: vulgarização e pesados vazios da inteligência, de um lado, e o retraimento da literatura para dentro de gabinetes museológicos, de outro. O vistoso "esboço de enredo" ou a versão pré-digerida e trivializada do clássico, de um lado, e a ilegível edição de variantes, de outro. A cultura letrada deve empenhar-se em recuperar o terreno mediano. Se falhar em fazê-lo, se *une lecture bien faite [uma leitura bem feita]* se transformar num artifício datado, um grande vazio entrará em nossas vidas, e não experimentaremos mais a quietude e a luz no quadro de Chardin.

É desta matéria, entre a paixão e a melancolia da leitura, que é feita todo o livro, seja um prefácio para a Bíblia Hebraica, de inestimável préstimo para a compreensão de cada um dos livros do Velho Testamento, seja uma resenha das várias versões de Homero para o inglês, seja um ensaio sobre Shakespeare, ou sobre Simone Weil, ou Péguy, ou Husserl, ou Freud, ou Kafka, ou Kierkegaard, ou mesmo mais teóricos e didáticos como aqueles sobre Literatura Comparada ou a tradução como *an exact art (uma arte precisa)*, é sempre a tensão entre a entrega total à leitura vagarosa e paciente (aquilo que o verbo inglês *to peruse* significa sem equivalente em nossa língua) e a meditação melancólica sobre os desacertos do mundo contemporâneo com relação à leitura que serve como elemento estruturador.

Neste caso, o começo do ensaio, num lance raro e belo, é também o seu fim.

5

❖

Esquema do Classicismo*

EM EXPRESSÕES COMO "CLÁSSICOS DA POESIA" ou "clássicos da prosa" não há por onde fugir: trata-se de estabelecer uma relação de autores e de textos que fazem parte daquilo que se determinou ser o cânone de uma literatura ou de um período literário.

Neste sentido mais geral, portanto, um clássico é aquele autor ou aquela obra que, dadas as suas configurações, alcançou um estado de perenidade numa literatura ou num período dela.

Deste modo, fala-se em Virgílio como clássico da literatura romana da mesma maneira que se diz ser Machado de Assis um clássico da literatura brasileira. É claro, no entanto, que há uma diferença substancial no uso da expressão que é determinada pela temporalidade de cada autor, assim como por sua abrangência espacial.

Se Virgílio é um clássico cuja perenidade possui uma vigência de muitos séculos e cuja influência e repercussão vai muito além da literatura em língua latina, Machado de Assis, ao menos a partir de hoje, está limitado a pouco mais de um século de leituras e repercussões que dizem respeito à literatura brasileira, quando muito à literatura do continente latino-americano.

---

* Publicado como introdução do volume *O Classicismo*, org. de J. Guinsburg, São Paulo, Perspectiva, 1999.

Da mesma maneira, é possível utilizar a expressão para designar a importância de um autor ou de uma obra num período ou gênero determinados, falando-se, então, de um Baudelaire como clássico da poesia do século XIX, ou de um Gonçalves Dias como clássico da poesia romântica no Brasil. Ou Balzac como clássico do romance do século XIX, assim como Zola como clássico do naturalismo no romance, ou Swift como clássico da sátira no século XVIII inglês.

Sendo assim, é possível dizer que cada literatura nacional, cada período ou mesmo cada espécie de literatura tem os seus clássicos: autores e obras que representam, aos olhos de sucessivos leitores, a culminância a que foi possível chegar na criação literária.

(Neste sentido, e entre parêntese, diga-se que ainda pode ser de grande utilidade, para a concepção do clássico, a distinção em seis significados empreendida pela *Princeton Encyclopedia of Poetry and Poetics*: o clássico "como grande ou de primeira classe", tal como foi formulado por Aulus Gellius a partir da distinção fixada por Cornelius Fronto entre *scriptor proletarius* e *scriptor classicus*; o clássico como *o que é lido na escola*, que tem a sua origem no século VI através de Magnus Felix Ennodius; o clássico como "um termo usado para denotar obras 'maiores' ou 'padrões' da literatura ou períodos de eminente desenvolvimento literário, que foi desenvolvido no século XVI; clássicos como autores especificamente gregos e romanos e como a imitação de antigos autores gregos e romanos", compreendendo quer a imitação temática, quer a imitação formal de modelos gregos e romanos; o clássico como *a antítese do romantismo*, pela primeira vez utilizado por Friedrich von Schlegel, e, finalmente, clássico "como uma designação de período na história literária"[1].)

Outra coisa muito diferente, contudo, é utilizar a expressão no sentido de um estilo de época quando, então, clássico passa a ser a designação, por um lado, daqueles autores e obras que compuseram o cânone das literaturas Grega e Latina e, por outro, daqueles que, mais ou menos nos

1. Cf. Alex Preminger (ed.), *Princeton Encyclopedia of Poetry and Poetics*, New Jersey, Princeton University Press, 1965, pp. 136-141.

séculos XVI, XVII e XVIII, significaram a recuperação de valores e fundamentos daqueles primeiros clássicos.

Isto de um ponto de vista estritamente didático porque, como se sabe, é possível rastrear "recuperações" dos clássicos para muito além daqueles séculos: fala-se, então, como o faz Gilbert Highet, em sua obra fundamental[2], de uma "tradição clássica", isto é, da continuidade até os dias de hoje de temas e modos de composição que foram característicos das literaturas dos gregos e romanos. Assim, por exemplo, no último capítulo da obra, que diz respeito à "reinterpretação dos mitos", Highet chega a mencionar autores como Oscar Wilde, André Gide, Eugene O'Neill e Albert Camus como casos que testemunham aquela continuidade. (Um caso extremo e curioso de continuidade, que é registrado por Highet em nota de rodapé, é o de Walter Savage Landor, "o último poeta inglês de alguma fama que escrevia versos quer em latim, quer em inglês e que morreu em 1864".) Neste sentido, para dizer ainda com Gilbert Highet, "somos netos dos romanos e bisnetos dos gregos".

Seja como for, conservou-se, na historiografia literária, o termo clássico para designar o conjunto canônico dos autores e das obras gregas e romanas e para a definição daqueles autores e obras que, a partir do Renascimento, se dedicaram à releitura dos gregos e romanos, fixando-os como modelos de realização literária. A este movimento de recuperação, envolvendo a arqueologia dos textos e suas interpretações, assim como suas imitações temáticas e compositivas, chamou-se, nas literaturas ocidentais, classicismo.

Em cada um daqueles séculos mencionados como tempos do classicismo é preciso, no entanto, discriminar, por assim dizer, uma forma de contribuição no sentido de configurar o clássico.

---

2. Refiro-me a *The Classical Tradition: Greek and Roman Influences on Western Literature*, de 1949, e que li na tradução para o espanhol, intitulada *La Tradicion Clasica: Influencias Griegas y Romanas en la Literatura Occidental*, trad. Antonio Alatorre, México, Fondo de Cultura Económica, 1954. Neste sentido, e trazendo interpretações mais atualizadas, ver, de Bernard Knox, sobretudo duas obras: *Essays: Ancient & Modern*, Baltimore, The Johns Hopkins University Press, 1989, e *Backing into the Future: The Classical Tradition and its Renewal*, New York, W. W. Norton & Company, 1993.

Sendo assim, se o século XVI é, sobretudo, o da arqueologia dos textos remanescentes das culturas grega e romana e de suas interpretações, principalmente as de Aristóteles através das leituras de renascentistas italianos como Scaliger e Castelvetro, o século XVII, sobretudo o francês, é o da afirmação do modelo aristotélico e horaciano de uma poética que encontra a sua melhor afirmação no teatro, enquanto que o século XVIII, predominatemente inglês, alemão e ibérico, é já o da dissolução dos modelos clássicos e de uma conseqüente vertente neoclássica.

De qualquer maneira, todavia, e como esforço de compreensão estilística, pode-se dizer que, durante aqueles três séculos, quer a matéria de discussão teórica, quer a efetivação poética, orbitaram em torno de algumas categorias, regras e modelos que embasaram todas as criações artísticas e as reflexões filosóficas que lhes davam sustentação ou eram delas decorrentes. Estas categorias, regras ou modelos eram alimentados, sem dúvida, pelas leituras e releituras que se faziam dos clássicos redescobertos.

Leituras e releituras não apenas de textos manuscritos copiados e mesmo perdidos em remotos mosteiros medievais, mas de imagens esculptóricas, pictóricas ou arquitetônicas desencavadas pelo esforço arqueológico dos primeiros historiadores da arte modernos[3].

Deste modo, se Shakespeare, escrevendo no século XVI, podia encontrar as origens da história de *Hamlet* nos *Gesta Danorum*, de Saxo Grammaticus, transcrições do primitivo alfabeto dos povos nórdicos da Europa conhecido como *runas*, como parece ter sido o caso, Racine, no século seguinte, encontra na leitura de Virgílio o núcleo dramático para a sua *Andromaque* ou em Ésquilo os tópicos centrais para *Phèdre*, depois de ter passado pela compreensão dos preceitos aristotélicos e horacianos, tais como eram traduzidos pela poética de seu contemporâneo e amigo Boileau.

Eis, portanto, um traço fundamental na formação do classicismo: a íntima associação, provocada pelas redescobertas e interpretações dos clássicos, entre poesia, literatura, e poética.

3. Para uma visão de conjunto da importância da imagem para a leitura histórica, ver a magistral obra de Francis Haskell, *History and its Image: Art and the Interpretation of the Past*, New Haven, Yale University Press, 1993.

A partir de então, o poeta está, por assim dizer, condenado a ver sempre o seu trabalho individual à sombra da tradição: entre a expressão pessoal e o trabalho de arte, instala-se, como elemento de emulação e limite da personalidade, o passado, aquilo que é anterior.

Daí a afirmação lapidar de Paul Valéry: "A essência do classicismo é vir depois"[4]. Mas a frase, extraída de um contexto crítico que tem por objeto a fixação da importância de Baudelaire na poesia francesa moderna, surge depois da afirmação capital de que, em todo escritor clássico, é possível apontar a existência de uma mente crítica: "clássico é o escritor que traz um crítico em si mesmo, associando-o intimamente a seus trabalhos"[5].

E, retornando ao nosso ponto de partida, mais uma vez Valéry: "Havia um Boileau em Racine, ou uma imagem de Boileau"[6].

Havia mais do que isso, entretanto: na correspondência trocada entre os dois, quando um estava em Versailles e o outro em Fontainebleau, ambos como historiógrafos de Luís XIV, é freqüente o poeta submeter ao crítico textos que são devolvidos com sugestões de mudança que obedeciam a certas regras clássicas de clareza ou *bienséances*[7]. Poderá se dizer, talvez, que o caso de Racine seja um caso extremo, tal o modo com que soube manter a tensão, em sua produção dramática, entre uma intensa poesia pessoal e os modelos de que se apropriava, mas não que fosse um caso isolado.

Na verdade, pela leitura dos textos recolhidos neste livro, o leitor pode verificar de que maneira é íntima a relação entre a obra de poesia ou de arte e a reflexão sobre ela.

Mais ainda: os três textos que dão, por assim dizer, um substrato cultural amplo ao livro, isto é, o de Giselle Beiguelman que busca traçar um quadro histórico pela discussão dos conceitos clássicos de ciência, natureza e fé, o de Vera Felício, que discute o paradigma da razão clássica, e

---

4. Cf. Paul Valéry, "Situação de Baudelaire", em *Variedades*, org. e introd. de João Alexandre Barbosa, trad. Maiza Martins de Siqueira, São Paulo, Iluminuras, 1991, p. 25.
5. *Ibidem*.
6. *Ibidem*.
7. Para exemplos, ver Racine, *Oeuvres Completes*, t. II, Paris, Gallimard, Bibliothèque de la Pléiade, 1952, sobretudo a *Cinquième Section, Correspondance*.

o texto admirável de Franklin Leopoldo, que discute as dimensões filosóficas do classicismo, oferecem ao leitor as razões básicas para que não possa, na apreciação das diversas atividades artísticas desenvolvidas pelo classicismo, desvincular as formas de arte daqueles fundamentos ideológicos que alimentavam as reflexões sobre o homem e a mulher novos que surgiam das ruínas recuperadas pela curiosidade do classicismo.

Sendo assim, a volta aos antigos, sendo o resultado de um movimento de pesquisa generalizada pelo passado que pudesse explicar ou esclarecer o presente, ao mesmo tempo que impregna toda a decisão pessoal de criação artística, imprime um sentido de pesquisa e experimentação (ainda que tentada por entre os limites dos modelos e das regras, como é, sobretudo, o caso exemplar de Racine), que é, em grande parte, responsável pelos melhores momentos de criação artística.

Deste modo, é precisamente a tensão entre os elementos de imitação, surgidos por força daquela pesquisa generalizada, e a criação de espaços para a ruptura com os modelos, que era resultado do próprio processo de imitação (o desejo de imitar dando como resultado o da emulação criativa), que confere ao classicismo a sua singularidade estilística mais recôndita.

De fato, é este sentido de pesquisa e experimentação, fundado na prevalência de uma razão que instaura a desconfiança com relação aos dados do mundo sensível (marca, como se sabe, das dicotomias fundamentais da razão cartesiana), que, em grande parte, responde pela existência de um intervalo entre a criação e sua consciência. É o que se pode ler num dos trechos iniciais do ensaio de Giselle Beiguelman:

> A razão clássica é abstracionista. O conhecimento que se faz em seu nome e sob seus princípios é mediado por teorias e técnicas de experimentação que se interpõem entre o observador e o que ele observa. Nela, nada se justifica pela percepção de um objeto sensível, nem pela intuição de uma essência. Tudo é fruto de uma abstração, que introduz uma ruptura entre o inteligível e o imediatamente visível. Isso porque seu próprio objeto de conhecimento é distinto. Não tem suas características pertinentes definidas pelo que é perceptível, mas sim pelo que é mensurável.

Mas, se é possível afirmar, deste modo, o grau extremo de abstração da razão clássica se pensada em sua operacionalidade experimental, e o texto de Vera Felício se encarrega de traçar o quadro amplo das transformações sofridas pelo próprio conceito e suas relações, por outro lado, é também possível pensar que, na esfera das artes, naquilo que se chama propriamente de classicismo, a busca é precisamente pela superação daquele intervalo criado entre o inteligível e o sensível: todo o método de Leonardo da Vinci, como bem viu Paul Valéry[8], parece girar em torno dessa aporia fundamental que, por sua vez, encontrava um respaldo experimentalista na capacidade de inventor do grande gênio universal.

Neste sentido, é de importância fundamental a leitura do último item do ensaio de Franklin Leopoldo, aquele intitulado "Arte e Verdade". Diz ele:

> Assim como a racionalidade não se opõe à fé, também a razão não se opõe à beleza. Os autores do século XVII podiam invocar a favor desta relação o testemunho insigne de Platão: aquele que ama o objeto belo, ama nele a Beleza manifestada nas formas sensíveis, mas o objeto será belo e apreciável na medida de sua proporção com o inteligível, que a alma pode contemplar. Isto pode ser interpretado como uma trajetória do particular contingente e aparente, no qual algo de belo se manifesta, à verdade da beleza, àquilo que faz belos todos os objetos que apreciamos assim. Esta identificação entre Verdade e Beleza, que para os antigos se dava como contemplação, aparece para o racionalismo clássico como uma espécie de equivalência entre gosto e teoria. De que maneira tal equivalência é pensada? A partir de regras que determinam o objeto como belo. A conseqüência disto é que tanto a identificação platônica entre verdade e beleza quanto os comentários que Aristóteles faz na *Poética* a respeito da tragédia e da poesia passam a ser entendidos não apenas como descrição de atitudes humanas diante da arte – como provavelmente eram – mas sobretudo como prescrições. Assim como a verdade se manifesta através de regras universais de evidência, assim também a beleza aparece como fruto de determinações, que muitas vezes não seria exagerado chamar de conceituais.

O que Franklin Leopoldo chama de "equivalência entre o gosto e a teoria, pensada a partir de regras que determinam o objeto como belo", não é mais do que a superação daquela ruptura "entre o inteligível e o imediatamente visível", que está no texto de Beiguelman. A teoria do gosto, aqui germinada e que se desenvolverá até a sua cristalização na formação de uma Estética no século XVIII, é também um gosto pela teoria

---

8. Cf. Paul Valéry, "Introdução ao Método de Leonardo da Vinci", em *Variedades*, pp. 137-166.

que se, por um lado, deve muito ao apego às prescrições aristotélicas, como observa Franklin Leopoldo, por outro lado, no entanto, indicia a indissolubilidade que passa a existir entre a criação artística e a própria consciência de sua realização.

Na verdade, em todas as formas de arte aqui estudadas – as artes plásticas, a música, a arquitetura, a dramaturgia, a cenografia e a literatura –, é possível rastrear aquela *equivalência* referida por Franklin Leopoldo.

A opção por uma pluralização da arte clássica como está, por exemplo, no texto de Annateresa Fabris, quando, ao término de seu ensaio, fala de artes clássicas na difícil relação entre o que chama de *mito da arte clássica* e sua *fruição*, recupera, por assim dizer, a aporia fundante do classicismo, qual seja, a tensão entre criação e re-criação, entre expressão individual e submissão aos modelos da tradição, enfim, entre gosto e teoria. Diz a autora

> Enquanto o mito da arte clássica permanece intacto, sua fruição é móvel, difícil de ser abarcada numa só visada. A arte clássica, apesar de propor a repetição e a imitação, é uma invenção sempre contingente, mascara freqüentemente contradições profundas dos momentos que a elegem como parâmetro, incitando-nos a buscar a história oculta, o avesso da ordem e da harmonia, o que é reprimido e silenciado pela vontade racional.

> A arte clássica gera, portanto, as artes clássicas, aqueles plurais movidos pela utopia de um momento perfeito, que tentam superar a história num esforço que só faz evidenciar a sua temporalidade, sua busca de uma verdade ficcional, reconstruída a cada momento a partir das pulsões de um presente problemático e repleto de contradições.

Mas, se isto ocorre na relação entre a obra e aquele que a experimenta, é possível pensar em algo semelhante no momento anterior, isto é, na passagem entre o artista e a criação da obra quando, impelido pela imitação, cerceado pelos modelos e debatendo-se por entre normas e regras estritas, o artista experimenta e pesquisa as possibilidades da expressão pessoal.

Daí a proliferação de poéticas pessoais que discutem, discordam ou se ajustam às poéticas e retóricas da tradição. E se este fenômeno é mais facilmente reconhecível no caso das artes literárias, seja a poesia, seja a dramaturgia, e basta ler os substanciosos ensaios de Aguinaldo José Gonçalves e João Roberto Faria para se ter uma idéia aproximada de sua dimensão, não é menos verdade do que no caso da música, por exemplo, quando a passagem dos esquemas de composição de poéticas como as de J. S. Bach ou D. Scarlatti para as de um Mozart e Beethoven envolve não apenas questionamentos no plano das relações políticas e sociais, mas na esfera da própria expressão pessoal. É o que se lê no denso e sugestivo ensaio de Eduardo Seincman. Diz ele:

> Se J. S. Bach e D. Scarlatti, cronologicamente já tão próximos de Mozart, adotavam uma postura de completa submissão perante o mecenato aristocrático, o mesmo já não ocorre, na mesma intensidade, com Mozart ou Beethoven. É que no Iluminismo, no plano das relações sociais, o *questionamento* resultará em um ceticismo quanto ao *status quo* estabelecido; e, no plano da individualidade e da subjetividade, este questionamento irá adentrar a visão estética fazendo com que a linguagem se debruce e comente o seu próprio discurso, gerando ambigüidades que produzem o inesperado e o chiste. A presença destas contradições faz aflorar o inconsciente no âmbito do consciente, e submete o texto musical a um movimento de "afirmação de negações" que o torna descontínuo por excelência.

É o segundo questionamento que é de grande importância para aquilo que venho enfatizando: a linguagem que se debruça e comenta o seu próprio discurso, ao mesmo tempo que sinaliza o grau de consciência que intervém na criação artística, e Seincman chega a falar em inconsciente que aflora "no âmbito do consciente", cria o espaço decisivo para a percepção da obra artística enquanto construção. É o que afirma ainda Eduardo Seincman:

> O classicismo nos revela, pois, de maneira absolutamente clara, que a forma musical não é, propriamente, um dado da realidade, mas uma construção que o ouvinte realiza constantemente, ao organizar e separar a música em estados que ora se opõem, ora se complementam.

Este sentido da construção é acentuado, por exemplo, na belíssima análise que o ensaísta faz do *allegro-de-sonata* nas relações com a *fuga*, usando para isto um texto musical de Mozart, enfatizando a importância dos espaços de intervalo que obrigam o ouvinte a uma percepção temática das transições. Eis um trecho de sua análise:

Inicia-se, portanto, no classicismo, um novo processo de recepção do fenômeno musical em que os temas, apesar de serem "entidades" e se comportarem enquanto tais, na consciência, têm sua valoração até certo ponto relativizada, pois há um deslocamento do foco de atenção dos temas, para aquilo que se interpõe entre eles. Muitas vezes, estas transições acabam por gerar novas entidades temáticas, ou, dependendo do seu grau de importância, elas próprias se cristalizam como eventos datados e significativos, perdendo, inclusive, o perfil de elemento puramente conectivo. Neste caso, as pontes e transições, em geral, transmutam-se em verdadeiros "devaneios" harmônico-melódicos que já não estão em uma função subsidiária ou secundária com relação aos temas – ao contrário, passam a constituir, com eles, uma poderosa arma expressiva e dramática. Isto explica a grande quantidade de melodias de que Mozart se utiliza em suas obras, como em muitos de seus concertos para piano.

Na verdade, é aquela volta para o próprio discurso do texto anterior que desencadeia este novo modo de relacionamento entre o texto musical e o ouvinte, obrigando-o a perceber cada fragmento de uma construção que se sabe tal pelo próprio criador. É o que se pode ler no trecho seguinte:

[...] esta ênfase na escuta daquilo que é transitório torna-se um fato da maior importância: tal como ocorrera na pintura do século XVI, em que as figuras dos retratos eram despidas a fim de se mostrar as articulações do corpo, a música do classicismo mostra, desnuda e desenvolve suas estruturas articulatórias, obrigando o ouvinte a participar, assim, de cada detalhe da composição, por menor que ele seja. Estes momentos e movimentos transitórios representam, no fundo, as mudanças de estado do ser humano, com suas inquietudes, instabilidades, incertezas, ambigüidades – tudo aquilo que não é o certo, o ponto de chegada, o definitivo, mas o próprio tatear a passagem de um estado a outro: o situar-se "entre", assumindo e tornando, momentaneamente, perene, a própria *durée* e as conseqüências de não poder ser mais aquilo que já se foi, e não ser, ainda, aquilo que poderá vir a ser.

Por isso, é possível dizer com o grande crítico e históriador da música que é Charles Rosen, tal como vem transcrito na última frase do ensaio de Seincman, que o estilo clássico "não foi tanto a realização de um ideal, mas a reconciliação dos ideais em conflito dentro de um equilíbrio ótimo".

De fato, é esta sensibilidade para com a insegurança e a instabilidade, que estão nas configurações mais íntimas do classicismo, apenas e só superficialmente um estilo da ordem e do equilíbrio absolutos, que faz da leitura dos ensaios aqui reunidos uma aventura intelectual muito rica e desafiadora. Leia-se com atenção, por exemplo, os dois textos que, de mais perto, tratam de questões relacionadas às artes literárias: o de Aguinaldo José Gonçalves e o de João Roberto Faria.

No primeiro, o classicismo aparece, sobretudo, como um longo período literário. Diz o autor, logo no início de seu ensaio:

> Clássico é o nome que se confere ao período que abrange os séculos XVI, XVII e XVIII, correspondendo, genericamente, ao Renascimento, Barroco e Neoclassicismo. Trata-se de um movimento artístico e literário muito extenso, com uma efervescência cultural e literária grande e diversa que não pode ser considerada de forma tão homogênea.

E este tipo de larga compreensão histórica, afirmada com uma tranqüilidade de decisão didática, faz com que o ensaio termine por assumir uma complexidade crítica e histórica muito ricas, a partir mesmo da busca por invariantes que, nas diferentes épocas, vão se afirmando como caracterizadoras dos diversos estilos clássicos.

É, mais uma vez, e para lembrar o que está no texto citado de Annateresa Fabris, o fenômeno da pluralidade.

Deste modo, se é possível arrolar, com relativa sistematização, invariáveis clássicas de estilo no século XVII, dada a aceitação generalizada das prescrições aristotélicas e horacianas, o mesmo não se pode dizer do que ocorre no século XVIII, ou mesmo nas rupturas barroquizantes que permeiam o próprio século de Luís XIV.

Neste sentido, aliás, é exemplar o modo pelo qual o autor passa em revista o desenvolvimento da idéia do clássico na literatura européia, armando um esquema maior para, dentro dele, apreender, na última parte do ensaio, o fenômeno do classicismo na literatura luso-brasileira do século XVIII, sobretudo pela leitura de uma passagem do poema *Uraguai*, de Basílio da Gama, e de uma das liras de Tomás Antonio Gonzaga.

O que domina o ensaio, entretanto, é, mais uma vez, o modo tateante de quem sabe estar correndo o risco das afirmações taxativas e que não corresponderão ao que há de cambiante e fugitivo nas passagens entre estilos, épocas e literaturas nacionais.

Por outro lado, convocando para o seu discurso crítico-literário os dados de uma experiência pessoal com outras artes, sobretudo as plásticas, Aguinaldo José Gonçalves sabe ler a intensidade daquelas passagens ou pontes, ou intervalos, para lembrar o texto de Seincman, com que são construídos os volumes temáticos e formais das obras mais representativas do classicismo literário.

Da mesma maneira, o ensaio de João Roberto Faria, embora muito didaticamente percorra as conceituações do clássico no teatro, sobretudo como ficaram fixadas nas poesias dramáticas e nas poéticas individuais do século XVII, assume as crispações das passagens e as vertigens das tensões entre regras normativas e expressões individualizadas, sabendo, portanto, indicar os limites das próprias conceituações.

Neste sentido, é de uma grande clareza, no texto do autor, o movimento que vai da afirmação dos princípios da poética clássica, tal como eles eram traduzidos nos textos dramáticos, até a sua contínua dissolução, decorrente de pressões individuais e de época, alcançando o surgimento das primeiras dissensões românticas.

É um mérito do ensaio de João Roberto Faria, por exemplo, e decorrente, sem dúvida, de sua sensibilidade para com o instável e a mudança, o fato de saber qualificar a importância e a qualidade da dramaturgia de Corneille, assim como aquilo que o texto dramático de Voltaire trazia como elementos de passagem para o novo século e o novo estilo que se iniciava com o manifesto do *Hernani*.

Por todos os textos deste livro, portanto, mesmo naqueles três onde é mais forte o teor histórico – como os de Silvana Garcia sobre a cenografia e a encenação, o de Fernanda Fernandes sobre arquitetura e o de Lauro Machado Coelho sobre música –, passa a percepção fundamental de que um estilo artístico, sobretudo um estilo de longa duração como o clássico, nunca é apenas aquilo que as suas poéticas prescrevem ou que a história registra como suas características mais gerais.

Neste sentido, as ricas informações sobre as construções teatrais e espaços cenográficos, que estão na primeira parte do ensaio de Silvana

Garcia, "Edifícios e Cenografias", vinculam-se, de modo bastante adequado, às reflexões que empreende acerca de modos diversos de atuação dos atores do classicismo, tal como está na segunda parte do ensaio, "O Ator e a Cena", indicando ajustes e desajustes de representação que convergem para aquela percepção fundamental mencionada.

Da mesma maneira, no texto de Fernanda Fernandes, as abundantes informações sobre a arquitetura clássica, quer aquela advinda da imediata recuperação dos antigos, quer aquela transformada pelas novas situações históricas – e o seu ensaio é rico ao examinar as transformações estilísticas do século XVIII –, não deixam de fora o registro da mobilidade e da pluralidade.

Finalmente, o texto de Lauro Machado Coelho, buscando situar a música no espaço do classicismo, com ricas informações das variantes históricas e biográficas, não deixa de acentuar o modo pelo qual as passagens estilísticas de um compositor para outro foram sendo dadas em consonância com o movimento cultural mais amplo e nem sempre obedecendo a uma linearidade histórica ou mesmo cronológica.

Daí a primeira afirmação de seu texto, chamando a atenção para os perigos que representa uma visão cronológica excessivamente estreita, como aquela de buscar marcar os inícios do classicismo na música a partir da morte de Bach em 1750, quando, como diz o autor, "no coração da última fase do Barroco, em Couperin, Albinoni e, sobretudo, Vivaldi, já encontraremos elementos que nos ajudarão a compreender a música composta na plenitude do período dito Clássico".

Sendo artístico, o estilo implica divergências e convergências, movimentos de expansão ou retraimento, pontos de densidade ou de fuga, cujas inscrições temporais e espaciais ou são rasuradas pela descontinuidade ou perenizadas pela resistência com que a linguagem individual do criador soube instaurar as relações mais duradoras entre significantes e significados.

Relações que são lidas e relidas pelas sucessivas gerações de leitores, apreciadores ou ouvintes – os verdadeiros concretizadores daqueles intervalos que são os verdadeiros tempos das obras.

V

I

Réquiem para Aldous Huxley[*]

Existem escritores com os quais nós nos identificamos de tal modo durante certo tempo que passamos a nos imaginar como seus leitores decisivos. Aquele leitor ideal para quem ele escreve. Somos seu leitor, assim como ele é o nosso escritor. Sem que existam barreiras, a não ser aquelas impostas pela duração de cada livro e a espera de um novo. Em mais de um caso, a perspectiva crítica é substituída pela perspectiva de confirmação, isto é, a espera de que cada nova obra venha afirmar aquilo que já sabíamos: que o escritor parece ouvir as exclamações e prever os caminhos de seu leitor ideal.

Estabelecido este comércio espiritual, o leitor, durante o tempo de cada livro, respira o ar tranqüilo das afinidades. E, quando o escritor não se limita ao campo exclusivo de um único gênero, maior se torna a dimensão deste comércio. Na medida em que se diversifica a ótica do leitor, um novo gênero põe o seu escritor na cadeia das sintonias e semelhanças.

É estranho este mundo privado da leitura em que, por entre letras e frases, idéias e situações, vai ressoando um sistema de comunicação às vezes decisivo.

* Texto publicado no Suplemento Literário do *Jornal do Commercio*, de Recife, em 1º de dezembro de 1963.

Quando o escritor possui versatilidade suficiente para enveredar por caminhos muito diferentes conservando a sua marca substancial, então ainda mais misterioso passa a ser este sistema. Deixa de ser apenas ocasional para se transformar em fonte de vida, encontro no cotidiano.

Tenho a impressão de que aquele que não sabe conservar, depois das primeiras experiências como leitor, essa tensão das afinidades não poderá, depois, ser capaz também de uma visão crítica que seja viva, que lateje por sob a linguagem terrível dos julgamentos.

Dizem que uma interação desta ordem costuma ocorrer na adolescência movida por um natural dilaceramento. Mas será que a maturidade significa apenas secura e falta de entusiasmo? Que ela significa a ruptura certa dos laços sentimentais e emocionais que deram forma a uma personalidade? Não creio.

Acredito que se poderia escrever "um retrato do leitor quando jovem", ou do crítico, com a mesma intensidade que Joyce conferiu ao seu de artista. Somente que uma obra assim só poderia ser realizada por quem fosse capaz de gritar com Stendhal: "Mais mon âme à moi est un feu qui souffre, s'il ne flambe pas". E esta capacidade para a inflamação e a chama é que estrutura as relações do leitor com o seu escritor.

Desta forma, se o leitor escreve sobre o seu escritor, sem trair aquilo que em certo tempo foi essencial na relação entre ambos, o seu tem que ser um artigo comovido. Ainda mais quando desapareceu, pela morte, a voz que incorporava ao seu o mundo do escritor.

É exatamente o meu caso com relação ao escritor agora morto: Aldous Huxley. Escritor que possuía aquela versatilidade que indiquei como básica para um sistema mais ajustado de interação.

Poeta, romancista, autor teatral, ensaísta, cientista amador mas erudito, Huxley era, para um leitor vagabundo e inconstante nas suas leituras, o escritor ideal: também ele vagabundo na maneira de ir saltando de um problema para o outro, de uma fantasia de previsão científica para a sátira cáustica dos costumes. Poderia ter dito com Montaigne: "mon esprit est vagabond". Ou aéreo, como o classificou o abade Moeller. Ou, para usar de uma expressão sua, um anfíbio.

De qualquer modo, o escritor ideal para quem começava, como eu, a amar o poder das palavras na fixação das idéias, na transfiguração dos sentimentos e emoções, encantado nos "jeux d'esprit", na superioridade, ainda que sofisticada e mordaz da inteligência.

E, em cada novo livro, descoberto com a ânsia do reencontro, as frases esperadas, os personagens de sentimentos e pensamentos antecipados pelo hábito do esquema mental huxleyano. E, durante dias infinitamente bem gozados, o meu mundo era o de Philip Quarles, o de Sebastian, o de Anthony Bevin, o de Mark Rampion, o de Denis. *Contraponto, O Tempo Deve Parar, Sem Olhos em Gaza* ou *A Feira de Crome* eram nomes que constantemente ecoavam por entre as outras raras leituras.

Tão intensa era a participação que o encontro com o escritor em um restaurante de hotel, encontro sem plano e num ímpeto de admiração, era o encontro com um personagem. Com todos os personagens nutridos por sua imaginação. O escritor transformava-se em personagem para o leitor diário.

Depois, a fase dos ensaios: *O Fim e os Meios, O Tempo e a Máquina, Adônis e o Alfabeto*, seguida pela leitura de obras raras em sua bibliografia, encontradas em livrarias-sebos: *Eminência Parda, O Mundo da Luz, Visionários e Precursores*.

Aos poucos, entretanto, a fidelidade do leitor ia sendo substituída pela visão crítica, pelo desejo de justificar a preferência, pelo gosto em vinculá-lo a um tempo, a um gênero literário, a uma corrente literária. Era uma autocrítica ao mesmo tempo que significava uma desmontagem do escritor.

Agora era a vez dos ensaios acerca do escritor, das suas entrevistas, da sua correspondência. Enfim, o primeiro artigo inflamado sobre o escritor. Artigo disparatado e orientado apenas pela emoção das várias leituras. Por isso, era mesmo melhor, mais adequado, que fosse não somente *sobre* mas *a favor* do escritor. E assim o foi: uma defesa rasgada, embora que pontilhada do conhecimento de suas obras.

O que é bastante indicativo da posição é que o título do artigo era exatamente aquilo que ele queria negar: "imaturidade e anti-humanismo em Aldous Huxley". O ensaio que o inspirara talvez tivesse as suas razões. Mas estas não podiam contar para quem estava intoxicado pela atmosfera do escritor. Para ele, o humanismo estava ali e a maturidade do escritor era atestada por sua própria imaginada maturidade.

André Maurois certa vez observou que uma das causas do grande sucesso de Huxley é que ele sabia fazer o leitor sentir-se inteligente. Espirituosamente inteligente. O paradoxo, a ironia, o cinismo, a sátira, eram ingredientes com que dosava a sua porção de *wit*. De vez em quando, o erudito, o leitor da Enciclopédia, deixava passar o fio de uma sabedoria científica, filosófica ou artística por entre o seu mundo de frases sibilinas e brilhantes. E o leitor saía bajulado na sua percepção, sem que, de modo algum, lembrasse a frase de Pascal: "diseur de bons mots, mauvais caractères".

Por isso, o leitor principiante tomava a defesa de sua maturidade: era uma autodefesa. Mas ela já indicava o primeiro passo para o afastamento. O escritor cristalizara-se no artigo-panegírico. Outros viriam substituí-lo. Mas ele, sobre a chapa quente da admiração e do entusiasmo, gravara orientações definitivas.

Agora, quando, no meio das notícias do brutal assassinato do presidente Kennedy, nos chega a notícia da morte de Huxley, notícia naturalmente esmaecida diante da outra, de conseqüências talvez imprevisíveis, volto-me para a sua obra, para um pensamento a seu respeito, como quem tenta saldar um débito. Que eu procuro dentro da minha dimensão de crítico, com todas as limitações.

Qual a posição de Huxley dentro da moderna literatura de língua inglesa? Qual o seu significado para a literatura de nosso tempo? Qual o seu "destino"? São perguntas de ordem crítica. Respondê-las honestamente talvez seja a melhor maneira de compor o seu réquiem.

Embora o romance que o projetou como escritor seja de 1928, *Contraponto*, de fato sua afirmação só se realizou nas décadas de 1930 e 1940. Deste modo, o grosso de sua atividade foi elaborado no período correspondido entre as duas guerras mundiais e, por isso, por elas marcado intensamente. Pertenceu, deste modo, a uma geração decisiva para a moderna literatura em língua inglesa. A geração dos americanos rebeldes que procuravam raízes em Paris ou em Roma.

A geração dos ingleses que tentavam uma maior liberdade na América e que, muitas vezes, como o seu amigo D. H. Lawrence, acabavam por ter que morrer nas fronteiras mexicanas.

Em Huxley, a tradição de cultura européia e uma certa formação humanística familiar (seu pai era professor de Filologia e Letras Clássicas em Eton) estruturaram a sua sensibilidade para aquilo que havia de derrocada na sociedade européia com todo o seu cosmopolitismo, a desagregação dos valores imposta pelas duas guerras mundiais, um desenvolvimento científico sem uma correspondência no plano ético.

Assim como Lawrence – com quem ele viveu algum tempo no sul da Itália e sobre o qual escreveu um ensaio admirável, além de editar-lhe a correspondência completa –, assim como Lawrence definiu uma das posições de sua geração diante das falhas estruturais do sistema econômico e social inglês, tomando a perspectiva unilateral da sexualidade, assim Huxley operou a revisão da sociedade refinada de artistas e intelectuais ociosos existindo para as conversas galantes e inteligentes.

Era a via de sua cultura européia que encontrava pasto na criação dessas pequenas sociedade esnobes que compõem os seus romances e mesmo alguns de seus mais famosos contos, como *Two or Three Graces*. E isto quer na própria Inglaterra, como em *Contraponto*, quer na Itália como em *These Barren Leaves*, quer mesmo nos Estados Unidos, como em *Também o Cisne Morre*.

E em todas as suas análises, embora afastado basicamente das concepções de Lawrence, um elemento me parece ser essencial: a sensibilidade para o que possa haver de ambíguo e paradoxal na formação do homem e que ele via exacerbado pelas condições fragmentárias em que existe o homem moderno.

Esta dualidade ele a estende quer ao plano moral, ao religioso, ao místico, quer ao plano de uma existência comunicante, verbal, como no seguinte trecho de *Adonis e o Alfabeto*: "Vivemos simultaneamente no mundo da experiência e no mundo das noções, no mundo da apreensão direta da Natureza, Deus e nós mesmos, e no mundo do conhecimento abstrato, verbalizado, acerca destes fatos primordiais".

Desta maneira, a sua posição é a de um escritor europeu cuja geração assistia à diluição de toda uma tradição de cultura que passava a se confinar nas austeras universidades ou nos círculos requintados.

Daí a inquietação de alguns de seus personagens, como aqueles que compõem a "ronda grotesca" de seu *Antic Hay*. Quando não, é a fria introspecção e o obsessivo intelectualismo do Philip Quarles, de *Contraponto*, o anti-Lawrence, assim com Mark Rampion é o criador de Lady Chatterley.

São os dois pólos huxleyanos que o escritor via confirmados pela decadência da cultura clássica. Era exatamente esta cultura que ele procurava definir nos ensaios, escritos paralelos à sua ficção, como sobre Baudelaire, sobre Pascal, sobre El Greco, sobre Shakespeare, sobre Savonarola, sobre Lawrence, sobre a concepção do tempo no mundo moderno, sobre o esnobismo na literatura, sobre túmulos barrocos.

Opondo-se à dissolvência daquela cultura que plasmara, pretende encontrar no indivíduo a única via para a realização da unidade fundamental que ele exigia como superação. E esta posição atinge principalmente os seus ensaios em que aborda problemas sociopolíticos, estando quer nas suas últimas declarações à imprensa, quer no ensaio-título *O Fim e os Meios*.

Creio mesmo que esta urgência de um absoluto foi o responsável direto pela experiência com a mescalina, embora estreitamente relacionada com as suas realizações no campo da utopia científica, como em *Brave New World* ou no seu último livro *The Island*, que não conheço.

De um lado a ciência, principalmente a biológica, de outro a música, a arte sutil e totalizante que informa o seu ensaio, shakespeariano por vários outros motivos além do título, *The Rest is Silence*. Era, para utilizar a sua própria idéia, um anfíbio. Mas um anfíbio cuja região, cujo *habitat*, era a desagregada sociedade européia entre 1920 e 1940. E que ele procurava vencer através da sátira, do humor, da crítica mordaz e irônica. Armas que possuem, como se sabe, um grande poder de coice. Por isso, a solução foi a emigração para a América, para a Califórnia, o que é significativo. E as preocupações foram orientadas para a via mística, o conhecimento direto, a limpeza mental do zen-budismo ou do ioga. Foi ainda aquele *habitat* que fez tão freqüente em sua obra a presença da morte, uma presença quase sádica (cf. *Sem Olhos em Gaza*), porque mortos estavam os valores fundamentais do homem naquela região.

Sua obra é a testemunha – uma entre muitas – de uma intensa enfermidade de que a Europa não parece de todo curada. E ficará assim: obra-documento, realista até mesmo nas suas figurações utópicas.

Huxley talvez só sobreviva como criador nos romances de antecipação, mas os seus romances de sátira psicológica ou social serão indispensáveis para uma história da cultura européia no século XX com todas as suas contradições.

E, talvez, como ensaísta, encontre sempre quem, como ele, possua o "esprit vagabond" de Montaigne para a visão de alguns escritores e problemas que formam a base de nossa cultura e civilização.

Que me perdoe o leitor o tom patético deste final mas eu avisei desde o início: este tinha que ser um artigo comovido.

2

ALDOUS HUXLEY ENSAÍSTA*

EM 1958, ANO, ALIÁS, EM que esteve no Brasil, o próprio Aldous Huxley (1894-1963) escolheu, reuniu e organizou os seus ensaios num volume intitulado *Collected Essays*, publicado pela Harper & Brothers, de New York, incluindo, como prefácio, um interessante ensaio sobre o gênero, em que explicita suas preferências e modos de realização.

Por então, com uma ou outra exceção de texto publicado nos inícios dos anos 1960 (é o caso do romance *Island*, de 1962, ou do longo ensaio *Literature and Science*, publicado no ano de sua morte), era um autor de obra completa.

Na área ensaística, o seu último volume, antes daquela coleção, fora *Tomorrow and Tomorrow and Tomorrow* (que, na Inglaterra, recebeu o título de *Adonis and the Alphabet*), de 1956.

Era uma longa caminhada como ensaísta, desde os seus primeiros livros, *On the Margin*, de 1923, e *Along the Road*, de 1925, até as duas coletâneas de ensaios dos anos 1950: *Themes and Variations*, de 1950, e aquela de 1956.

Caminhada que extraiu de T. S. Eliot, ele mesmo um ensaísta exemplar, a seguinte manifestação de louvor: "A capacidade de leitura de Huxley

* Publicado na *Gazeta Mercantil* em 25 de abril de 2003.

era imensa, seu gosto impecável, e seu ouvido agudo... Seu lugar na literatura inglesa é único e está certamente assegurado".

No início do prefácio escrito para os ensaios coligidos em 1958, Huxley entendia que o ensaio, enquanto gênero "de extrema variabilidade", poderia ser estudado num quadro de referência de três pólos ("a three-poled frame of reference"): "o pólo do pessoal e do autobiográfico; o pólo do objetivo, do fatual, o concreto-particular, e o pólo do abstrato-universal".

Depois de examinar e exemplificar cada um dos pólos referidos, já nos últimos parágrafos do prefácio, Huxley se volta para a própria obra, afirmando:

> Durante os últimos quarenta anos, escrevi ensaios de todo tamanho, forma e cor. Ensaios quase tão curtos quanto os de Gracián e, em certas ocasiões, mais longos mesmo do que os de Macaulay. Ensaios autobiográficos. Ensaios sobre coisas vistas e lugares visitados. Ensaios de crítica de todas as espécies de obras de arte, literárias, plásticas, musicais. Ensaios sobre filosofia e religião, alguns deles assentados em termos abstratos, outros na forma de uma antologia com comentários, outros em que as idéias gerais são aproximadas através dos fatos concretos da história e da biografia. Ensaios, enfim, nos quais, seguindo Montaigne, tentei fazer o melhor de todos os três mundos do ensaio, procurando dizer tudo de uma vez, numa aproximação tão perto da simultaneidade contrapontística quanto a natureza da arte literária o permitisse.

Deste modo, as quatro seções dos *Collected Essays* é de uma espantosa variedade, confirmando aquela imensidão de leitura registrada por T. S. Eliot no trecho transcrito.

Natureza; viagem; amor, sexo e beleza física; literatura; pintura; música; assuntos de gosto e estilo; história; política; psicologia; raio x para sentido e psique e modo de vida; são os doze temas abordados em suas quatro seções.

A mesma opção temática, a que se acrescentou a cronologia dos textos, foi adotada por Robert S. Baker e James Sexton, editores dos *Complete Essays*, cujos seis volumes apareceram de 2000 a 2002 (Chicago, Ivan R. Dee, Publisher).

É, por isso, muito estranho, para dizer o mínimo, que, nessa edição completa dos ensaios, em nenhum lugar apareça uma menção aos *Collected Essays*, a não ser a publicação, no último volume, do prefácio escrito por Huxley.

Para dizer o mínimo: o máximo seria afirmar que, na verdade, a subtração da informação ao leitor decorreria de que os editores buscaram fazer passar como original e inovadora a maneira de agrupar os ensaios quando, de fato, ela já fora praticada pelo próprio Huxley.

O mesmo, aliás, se pode dizer quanto à técnica de editar, por entre textos publicados em livros, aqueles que ficaram dispersos em revistas de que o ensaísta era colaborador.

E se esta técnica é bem-sucedida no caso da coleção de 1958, quando o número de ensaios é infinitamente menor do que aquele dos *Complete Essays*, o que é óbvio, o mesmo, creio, não se pode dizer no caso dos volumes publicados nos anos 2000, pois, dada a enorme variedade de textos e de lugares de onde são provenientes, a leitura cronológica, que é a base da disposição dos ensaios, fica confusa e mesmo tortuosa para o leitor.

A que se acrescenta, para tortura do leitor, um problema de ordem editorial: o de estampar os textos de forma seguida (certamente, por razões de ordem econômica), sem a generosidade de iniciar e terminar os textos em páginas individuais, o que causa um atropelo desnecessário a mais de leitura.

A grande contribuição dos *Complete Essays* é mesmo a de reunir, para o leitor, sobretudo o jovem, todos os livros de ensaios de Huxley, acrescentando-se, aí sim, de modo generoso, aqueles textos que foi possível localizar como dispersos e mesmo dois ou três inéditos, conforme a informação dos editores, seguindo de muito perto, mais uma vez, o modo de organização do próprio Huxley para a coletânea de 1958, quando incluía, além de ensaios anteriormente publicados em livros, aqueles que ficaram dispersos em revistas, como acontece com os que apareceram, por exemplo, em *Esquire* e *Saturday Evening Post*.

Desta maneira, o volume primeiro, publicado em 2000, correspondia aos anos 1920-1925, incluindo os livros *On the Margin* e *Along the Road*; o segundo, também de 2000, aos anos 1926-1929, incluindo *Proper Studies, Do What You Will* e *Jesting Pilate*; o terceiro volume, de 2001, aos anos 1930-1935, com os livros *Music at Night* e *Beyond the Mexique Bay*; o quarto, ainda do mesmo ano, a 1936-1938, com os livros *The Olive Tree* e *Ends and Means*; o quinto, de 2002, correspondendo a 1939-1956, com *Themes and Variations* e *Adonis and the Alphabet*, e, finalmente, o sexto volume, publicado também em 2002, aos anos 1956-1963, que não inclui livros anteriormente publicados mas sim ensaios longos, uma espécie de ensaios-livros, como *Heaven and Hell, Literature and Science* e *Brave New World Revisited*.

Acrescente-se, finalmente, que, neste sexto e último volume, que acabo de ler, é publicado um *Suplemento 1920-1948*, para onde foram nove ensaios dispersos que não se incluíram nos volumes anteriores correspondentes.

Talvez esta tivesse sido a melhor maneira de editar os textos dispersos e mesmo inéditos que constam deste e dos demais cinco volumes, enfeixando-os em suplementos ou apêndices, dando-lhes maior visibilidade e facilitando a sua localização pelo leitor.

Dentre os ensaios do último volume, quero apenas ressaltar dois: por um lado, o longo e já citado "Literature and Science", que apareceu anteriormente como livro no ano da morte do autor, 1963, e que é, talvez, dos mais didáticos escritos por ele, onde busca afinar as distinções entre os usos cotidiano, científico e literário da linguagem, ao mesmo tempo em que, retomando obsessões que já haviam sido exploradas em ensaio publicado em seu primeiro livro, "Subject-matter of Poetry", constante de *On the Margin*, trata da possível utilização literária dos grandes temas da ciência contemporânea, sejam químicos, físicos ou biológicos.

Por outro lado, aquele que é meu preferido como mestria ensaística e domínio da linguagem do chamado "familiar essay", que se intitula "If My Library Burned Tonight", de 1947, de certa forma uma retomada, ainda que mais dramática, do ensaio "Books for the Journey", incluído em seu segundo livro, *Along the Road*.

Se neste se trata de escolher livros mais adequados para quem quer ler em viagem, naquele, Huxley estabelece um verdadeiro cânone literário pessoal a partir da hipótese de, tendo a sua biblioteca destruída pelo fogo, refazê-la, escolhendo autores e livros que lhe pareçam os mais essenciais e decisivos.

Ambos trazem a marca huxleyana da ironia e até mesmo do sarcasmo.

A maior ironia, para o leitor, entretanto, é que, de fato, ele teve a sua biblioteca, e toda a sua casa, destruída pelo fogo dois anos antes de morrer.

Creio não ter dito tempo de atualizar o ensaio de 1947.

Nós, os seus leitores, somos obrigados a refazer imaginariamente a biblioteca, lendo os seus ensaios.

3

ISER OU OS EFEITOS DA LEITURA

A EDIÇÃO DESTE LIVRO DE Wolfgang Iser, *O Ato da Leitura: Uma Teoria do Efeito Estético*, surge com muito atraso no Brasil: um atraso de duas décadas.

Na verdade, a publicação original desta obra, com o título alemão de *Der Akt des Lesens: Theorie ästhetischer Wirkung*, é de 1976 e sua tradução para o inglês, realizada pelo próprio autor, foi publicada dois anos depois, sob o título de *The Act of Reading: A Theory of Aesthetic Response*.

No Brasil, o que se tinha publicado deste autor se devia, sobretudo, e como, sem dúvida, se deve a publicação da obra em epígrafe, a Luís Costa Lima: em primeiro lugar, através do texto "A Interação do Texto com o Leitor", publicado na antologia por ele organizada, *A Literatura e o Leitor: Textos de Estética da Recepção*, Rio de Janeiro, Paz e Terra, 1979, e em segundo lugar, através de dois textos, escritos em 1979, "Problemas de Teoria da Literatura Atual" e "Os Atos de Fingir ou o que é Fictício no Texto Ficcional", que fazem parte da segunda edição da coletânea por ele também organizada, *Teoria da Literatura em suas Fontes*, Rio de Janeiro, Francisco Alves, 1983.

Por outro lado, este não é o primeiro livro de Wolfgang Iser escrito sob a égide das então recentes teorias da recepção e do efeito. O primeiro foi *Der implizite Leser: Kommunikationsformen des Romans von Bunyan bis*

Beckett, de 1972, logo publicado em inglês pela Johns Hopkins University Press, Universidade à qual estava ligado como Professor Visitante, e em tradução do próprio autor, em 1974, sob o título de *The Implied Reader.*

Nem foi o último a aparecer traduzido também pelo autor para o inglês: creio que os mais recentes, ambos editados pela mesma editora universitária norte-americana em 1989 e 1993, respectivamente, são *Prospecting: From Reader Response to Literary Anthropology* e *The Fictive and the Imaginary: Charting Literary Anthropology,* este último editado recentemente pela Editora da UFRJ.

Traduzido por David Henry Wilson, que já havia vertido do autor o ensaio sobre Lawrence Sterne e o *Tristram Shandy,* editado pela Cambridge University Press em 1988, e aquele sobre Walter Pater, publicado em 1987 pela mesma editora, é, talvez, o mais recente livro de Iser: *Staging Politics: The Lasting Impact of Shakespeare's Histories,* editado pela Columbia University Press em 1993.

O fato de Wolfgang Iser ter os seus textos logo editados em inglês, seja através de publicações universitárias, seja em revistas especializadas, como, por exemplo, a norte-americana *New Literary History,* deve-se, sobretudo, às suas relações com as literaturas de língua inglesa pois a área de sua atuação, em universidade alemã, é o que ali se chama, mal traduzindo, de "anglicística". (Diga-se, entre parêntese, que a escolha da área, e não a de germanística, é explicada pelo autor, em entrevista concedida ao *Jornal do Brasil,* quando de sua recente visita ao Brasil, como forma muito pessoal de fugir ao impacto que representava o pesadelo nazista de seus anos de formação intelectual.) E isto fica muito claro desde que se examine quer o índice de seu primeiro livro em inglês, o mencionado *The Implied Reader,* onde são analisados Bunyan, Fielding, Smollett, Walter Scott, Thackeray, Faulkner, Compton-Burnett, Beckett e Joyce, a que se acrescentam Spenser, Shakespeare e Coleridge em seus livros mais recentes, quer se verifique que o próprio título da obra é uma derivação da famosa expressão criada pelo crítico norte-americano Wayne Booth para designar uma das possibilidades de ponto de vista autoral: o "autor implícito". Isto tudo sem esquecer que o seu primeiro livro é o já mencionado ensaio sobre Walter Pater, publicado em 1960.

Mas o texto de Wolfgang Iser que, na verdade, marca a origem de todas as suas teorizações posteriores (e que, por isso, tem de fato, para a sua obra, como observa Luiz Costa Lima na orelha do primeiro volume, a mesma importância que o texto de Hans Robert Jauss, para a *Estética da Recepção*: *A História Literária como Desafio à Teoria Literária*, de 1969, publicado, no Brasil, pela Editora Ática) é o ensaio "Die Appellstruktur der Texte" ["A Estrutura Apelativa do Texto"], de 1970, logo em seguida publicado em inglês, sob o título de *Indeterminacy and the Reader's Response in Prose Fiction*, no volume *Aspects of Narrative*, organizado por J. Hillis Miller e publicado em 1971.

De qualquer modo, pode-se dizer que a obra publicada agora no Brasil é a melhor elaboração inicial da teoria do efeito estético a que o nome de Wolfgang Iser vai, a partir daí, estar ligado, criando, de fato, uma divisão, ou um acrescentamento, àquilo que se passou a designar como *Estética da Recepção* para caracterizar o que, em fins dos anos 1960, foi a principal contribuição germânica aos estudos literários, tendo o seu núcleo irradiador a partir da Universidade de Konstanz.

A medida da diferença com relação à *Estética da Recepção* é assinalada pelo próprio autor no prefácio à primeira edição:

O efeito estético deve ser analisado, portanto, na relação dialética entre texto, leitor e sua interação. Ele é chamado de efeito estético porque – apesar de ser motivado pelo texto – requer do leitor atividades imaginativas e perceptivas, a fim de obrigá-lo a diferenciar suas próprias atitudes. Isso significa também que o presente livro entende-se como uma teoria do efeito e não como uma teoria da recepção. Se a análise da literatura se origina da relação com textos, então não se pode negar que aquilo que nos acontece através dos textos seja de grande interesse. Não consideramos o texto aqui como um documento sobre algo que existe – seja qual for a sua forma –, mas sim como uma reformulação de uma realidade já formulada. Através dessa reformulação advém algo ao mundo que antes nele não existia. Em conseqüência, a teoria do efeito confronta-se com um problema: como se pode assimilar e mesmo compreender algo até agora não formulado? Uma teoria da recepção, ao contrário, sempre se atém a leitores historicamente definíveis, cujas reações evidenciam algo sobre literatura. Uma teoria do efeito está ancorada no texto – uma teoria da recepção está ancorada nos juízos históricos dos leitores.

Este programa para a *Estética do Efeito* é desenvolvido em quatro densos capítulos ("A Situação: Interpretação Literária – Semântica ou Pragmática?", "A Realidade da Ficção: Um Modelo Funcionalista do Texto Literário", "Fenomenologia da Leitura: O Processamento do Texto Literário" e "Interação entre Texto e Leitor: A Estrutura Comunicacional do Texto Literário"), que constituem os dois volumes, agora editados no Brasil pela Editora 34, desde que se optou por publicar a obra em quatro capítulos separados quando, quer no original alemão, quer na tradução para o inglês, a obra é em um único volume. (Diga-se, entre parêntese, que, embora haja, no primeiro volume, uma nota em que se registra a modificação editorial, não é oferecida ao leitor uma razão convincente, a não ser a comercial presumível, para o procedimento.)

Seja como for, tem o leitor brasileiro agora à sua disposição este livro de Wolfgang Iser, traduzido com eficiência, podendo, desta maneira, completar a sua informação sobre aquilo que se vem fazendo em termos de teorização na área dos estudos literários.

É claro, no entanto, que o livro é mais do que ele parece prometer: a teoria do efeito estético, que é o seu programa, é também, e necessariamente, uma discussão sobre as possibilidades de interpretação e de crítica da obra literária (o que é objeto, sobretudo, do primeiro capítulo, que se inicia por uma bela leitura da novela *The Figure in the Carpet*, de Henry James) ou sobre as bases de uma história literária que tenha a leitura como elemento central de instigação, objeto do segundo.

Naquele primeiro capítulo, por exemplo, e na senda aberta pela fenomenologia de Roman Imgarden, é básica a distinção que se estabelece entre pólos artístico e estético como complementares na apreensão da obra:

[...] a obra literária tem dois pólos que podem ser chamados pólos artístico e estético. O pólo artístico designa o texto criado pelo autor e o estético a concretização produzida pelo leitor. Segue dessa polaridade que a obra literária não se identifica nem com o texto, nem com sua concretização. Pois a obra é mais do que o texto, é só na concretização que ela se realiza. A concretização por sua vez não é livre das disposições do leitor, mesmo se tais disposições só se atualizam com as condições do texto. A obra literária se realiza então na convergência do texto com o leitor; a obra tem forçosamente um caráter virtual, pois não pode ser reduzida nem à realidade do texto, nem às disposições caracterizadoras do leitor.

E, logo mais adiante, a síntese numa frase contundente: "A obra é o ser constituído do texto na consciência do leitor".

Por aí, por outro lado, ocorre o deslocamento conceitual de antigos temas da teoria e da crítica literárias, como está dito, por exemplo, no seguinte trecho do mesmo capítulo: "Daí segue que devemos substituir a velha pergunta sobre o que significa esse poema, esse drama, esse romance pela pergunta sobre o que sucede com o leitor quando com sua leitura dá vida aos textos ficcionais".

E o que, na verdade, este primeiro capítulo persegue é uma definição do leitor: não um leitor empírico, como Iser dirá em seguida, mas aquele *leitor implícito*, tema já de seu livro de 1972.

Mas o que é o leitor que aqui se pressupõe? É ele uma pura construção ou se funda em um substrato apenas empírico? Quando, nos capítulos seguintes deste livro, se fala em leitor, pensa-se na estrutura do leitor implícito embutida nos textos. À diferença dos tipos de leitor referidos, o leitor implícito não tem existência real; pois ele materializa o conjunto das preorientações que um texto ficcional oferece, como condições de recepção, a seus leitores possíveis. Em conseqüência, o leitor implícito não se funda em um substrato empírico, mas sim na estrutura do texto. Se daí inferimos que os textos só adquirem sua realidade ao serem lidos, isso significa que as condições de atualização do texto se inscrevem na própria construção do texto, que permitem constituir o sentido do texto na consciência receptiva do leitor. A concepção do leitor implícito designa então uma estrutura do texto que antecipa a presença do receptor. O preenchimento dessa forma vazia e estruturada não se deixa prejudicar quando os textos afirmam por meio de sua ficção do leitor que não se interessam por um receptor ou mesmo quando, através das estratégias empregadas, buscam excluir seu público possível. Desse modo, a concepção do leitor implícito enfatiza as estruturas de efeitos do texto, cujos atos de apreensão relacionam o receptor a ele.

Deste modo, a constituição do sentido do texto, seja aquele que se está lendo pela primeira vez, seja aquele que é relido com o transfundo de toda uma experiência dos textos literários, implica em atos de imaginação por parte do leitor que, por sua vez, instauram a possibilidade de um conhecimento que é próprio da operação de leitura.

O conhecimento em literatura, assim, não é nem dogmaticamente objetivo, nem casualmente subjetivo, pois que ele se dá na convergência de atos imaginários produzidos pela própria consciência da leitura.

O desenvolvimento dessas questões é o centro dos dois capítulos seguintes da obra e que, nesta tradução brasileira, correspondem ao segundo volume: a *Fenomenologia da Leitura* e *A Interação entre Texto e Leitor* são, por assim dizer, momentos de síntese e de superação de todo o livro, na medida em que recuperam, acenando para posteriores comprovações, os tópicos centrais do livro.

Assim, por um lado, a aproximação fenomenológica, que havia sido insinuada mas pouco desenvolvida nos capítulos anteriores, é levada ao seu extremo conceitual no capítulo terceiro, sobretudo a partir da idéia de que existe em todo o ato de leitura um movimento de instabilidade do ponto de vista do leitor, decorrente da própria oscilação da temporalidade da leitura que, por sua vez, mantém o processo de intersubjetividade estrutural que marca o ato de ler. Diz o autor:

> Em nossas tentativas para descrever a estrutura subjetiva do processo pelo qual um texto é transferido e traduzido, nosso primeiro problema é o fato de que texto total não pode nunca ser percebido em qualquer tempo. A este respeito ele difere de objetos dados que podem geralmente ser vistos ou ao menos concebidos como um todo. O "objeto" do texto pode apenas ser imaginado por meio de diferentes e consecutivas fases de leitura. Nós sempre ficamos fora do objeto dado, enquanto estamos situados dentro do texto literário. A relação entre texto e leitura é, desta maneira, muito diferente daquela entre objeto e observador: em vez de uma relação sujeito-objeto, há um ponto de vista dinâmico que viaja dentro do que tem de ser apreendido. Este modo de apreender um objeto é exclusivo da literatura.

Deste modo, se, por um lado, a citação anterior acena para os pressupostos de uma história literária que haviam sido discutidos no segundo capítulo, por outro lado, abre a perspectiva para aquilo que será objeto do quarto, ou seja, a importante discussão da estrutura comunicacional do texto literário através da qual os conceitos de indeterminação da obra ficcional e de assimetria entre texto e leitor são desenvolvidos.

Conceitos que passam, desde então, a marcar as pesquisas de Wolfgang

Iser, criando o espaço para que a sua teoria do efeito seja, mais recente-mente, traduzida em uma espécie muito instigante de antropologia lite-rária, objeto de seus livros mais recentes, a par de uma abertura reflexiva para o âmbito da própria história literária com base numa percuciente análise das relações entre literatura e realidade, como se revela em suas leituras das histórias shakespearianas.

4

Tristeza e Frustração Editorial

Sempre fui um entusiasmado admirador da Editora Globo de Porto Alegre, da famosa Globo da Rua da Praia, à qual incontáveis leitores brasileiros dos anos 1940 e 1950, e mesmo depois, devem o primeiro contato com obras decisivas que foram ali traduzidas e editadas.

(Prova circunstancial dessa admiração foram os livros que a Edusp publicou, em co-edições, sobre a Globo da Rua da Praia e que tiveram o meu apoio irrestrito quando era Presidente da mesma Edusp.)

A Globo tinha várias coleções, dentre elas uma interessante Coleção Amarela, de romances policiais, que publicou autores até hoje pouco lidos no Brasil, alguns dos quais só vi referidos pelo incansável leitor deste tipo de literatura que foi Jorge Luis Borges.

Ou mesmo uma "Biblioteca dos Séculos", que publicou, por exemplo, filósofos clássicos gregos e um grande poeta latino como Lucrécio e sua *De Natura Rerum*, em competente, anotada e erudita tradução do português Agostinho da Silva.

Para aqueles que se dedicavam à leitura de obras de ficção, eram, entretanto, fundamentais as publicações de uma outra coleção, a "Nobel", além, é claro, da edição da obra de Balzac que, sob a orientação de Paulo Rónai e traduzindo a edição francesa da coleção "Pléiade", da Gallimard, em dez volumes, punha à disposição do leitor não apenas os textos balzaquianos, mas ainda uma rica bibliografia sobre eles.

O mesmo tendo acontecido com toda *A la Recherche du Temps Perdu*, de Marcel Proust, para cuja tradução foram convidados diversos escritores brasileiros importantes da época, tais Manuel Bandeira, Carlos Drummond de Andrade, Cecília Meireles, Mário Quintana e outros, todos sob a coordenação competente e a grande dedicação de Maurício Rosenblat, um personagem absolutamente central na história da editora.

Mas era a Coleção "Nobel" que fazia a alegria dos leitores pelo grande número de autores ali incluídos, sobretudo norte-americanos e ingleses, mas sem deixar de lado alemães, franceses, italianos ou mesmo hispano-americanos, tais como Thomas Mann, Ernst Glaeser, André Gide, Romain Rolland, Roger Martin Du Gard, André Maurois, Luigi Pirandello, Giovanni Papini, Ramón Sender ou Eduardo Mallea.

Mas os anglo-americanos eram mesmo o forte da coleção, desde Joseph Conrad até Virginia Woolf, passando por Theodore Dreiser, Sherwood Anderson, Louis Bromfield, Emily Brontë, James Hilton, Sinclair Lewis, Charles Morgan, Liam O'Flaherty, Edith Warton, Willa Cather, Thornton Wilder, William Faulkner, Aldous Huxley, James Joyce, Katherine Mansfield, Somerset Maugham, Bernard Shaw ou John Steinbeck.

É possível, por isso, compreender a confissão que anos atrás me fazia um escritor com larga experiência de leitor como Osman Lins, quando afirmava que, sendo autodidata em matéria de literatura, a Coleção "Nobel" tinha sido, para ele, uma verdadeira Faculdade de Letras.

Dentre aqueles escritores editados na Coleção "Nobel", com mais de vinte livros traduzidos, Somerset Maugham foi o autor de língua inglesa que mais apareceu na coleção.

Com uma ou outra exceção (caso do romance *Cakes and Ale*, que Joseph Epstein, em *Partial Payments*, de 1989, entendia ser a sua melhor obra de ficção, e alguns contos, sobretudo os de caráter fantástico, como "Lord Mountdrago", jamais traduzidos no Brasil), uma boa porção de sua obra ficcional, romances e contos mas não a extensa obra dramática, foi publicada naquela coleção.

É deste autor o romance *The Moon and Sixpence*, cuja primeira edição é de 1919, uma ficcionalização de fatos da vida do pintor Gauguin que, com o título de *Um Gosto e Seis Vinténs*, traduzido por Gustavo

Nonnenberg, foi publicado nos anos 1940, trazendo o número 35 da Coleção "Nobel".

É um romance em que Maugham apura uma técnica que sempre soube explorar muito bem: a de fazer com que o narrador assuma a posição de um biógrafo, entremeando os acidentes de vida (no caso, a do corretor da Bolsa de Londres Charles Strickland, que, como Gauguin, abandona tudo para dedicar-se à arte) com reflexões sobre a vida social, a arte e os pequenos dramas morais da burguesia inglesa, mal saída dos costumes vitorianos.

Li esta tradução nos anos 1950, mais precisamente na sexta edição de 1957.

Recentemente, convidado para escrever uma introdução à reedição do livro, pela nova Editora Globo, não só reli aquela edição em que seria baseada a reedição, mas resolvi ler o original, o que fiz pelas *Selected Novels*, publicadas por Heineman, de Londres, em 1953.

E, além de ter tido inicialmente o prazer de me reencontrar com uma experiência de leitura da adolescência, tomei um enorme susto: o que eu havia lido na edição brasileira era uma contrafação da obra original em que, dos cinqüenta e oito capítulos originais, cinco foram suprimidos, incluindo-se o primeiro, um interessante exercício de reconstituição bibliográfica dentro da ficção, uma espécie singular de Borges *avant la lettre*.

Procurando entender as razões mais internas, se elas houvesse, das supressões, pude verificar que os capítulos desaparecidos ou diluídos por entre outros, eram exatamente aqueles em que, interrompendo o curso cronológico normal da narrativa dos acidentes da vida de Strickland, Maugham inseria longas e mais densas meditações, seja sobre personagens e situações, seja sobre a própria linha de construção do romance.

Creio que só há uma explicação para isso: excluindo-se o fato de ter sido dificuldades de tradução, pois de resto o tradutor (quem terá sido, ou é, esse Sr. Nonnenberg?) se sai muito bem da tarefa, a supressão dos capítulos deve ter ocorrido por se pensar que eles ofereceriam dificuldades de compreensão ao leitor brasileiro e, por outro lado, o distrairiam do entrecho do romance, o qual teria por objetivo o seu (do leitor) exclusivo divertimento, uma vez que Somerset Maugham era pensado, sobretudo no Brasil, como autor *light*, uma literatura de entretenimento.

Se essa hipótese encontrar algum respaldo na realidade, ela aponta para um equívoco editorial básico: o de presumir um leitor inferioriza-do intelectualmente, o que, no demais, é contraditório com relação aos grandes projetos da Globo da Rua da Praia, de que são exemplos notáveis quer a publicação das obras mencionadas de Balzac ou Proust, quer algumas de suas coleções, como a "Biblioteca dos Séculos".

Deste modo, para um entusiasmado admirador da editora, tal como afirmado nos primeiros parágrafos deste texto, os problemas encontra-dos na obra de Maugham foi um choque e o começo de uma incômoda suspeita: e se os outros autores e obras que li tivessem sofrido tratamento semelhante?

Objetivamente, recomendei uma retradução completa da obra, o que está sendo providenciado, conforme fui informado, e não apenas daque-les capítulos omitidos na tradução anterior. Somente assim, a meu ver, será possível manter um tom uniforme e adequado na tradução.

Subjetivamente, saí muito triste da experiência.

Tristeza de uma frustração retrospectiva, em que os encantos do leitor adolescente saíam esbatidos por problemas com uma edição, revelados a contragosto agora ao leitor mais velho.

5

❖

SENTIDO DE ALBERT CAMUS*

O QUE SURPREENDE, ANTES DE mais nada, na obra de Camus, é o intenso sentido de anotação que ele soube conferir às suas experiências literárias. É, pelo menos, o que mais me aproxima de seu estranho mundo. Por isso, no seu caso, é impossível falar de obra definitiva.

Não importa o prêmio Nobel, assim como não importa a audiência de que desfrutou em todo o mundo: na verdade, é uma obra não-concluída. E isso não apenas devido à morte inesperada e rude. Falo de um certo sentido de anotação que domina tudo o que escreveu.

Desde *Núpcias* até a conferência de Upsala, é possível traçar uma linha de coerência para com o fragmento, que termina por emprestar à obra uma feição incômoda de conclusão para aqueles que desejam sempre a segurança dos sistemas classificatórios. Para esses, Camus sempre deixou de dizer alguma coisa. O seu mundo não era nem podia ser esgotante porque sobretudo pretendia ser verdadeiro.

Feito de sugestões, pesquisas, avanços e recuos, era um mundo dialético por natureza. Se no discurso que pronunciou na Suécia é possível apontar a dimensão de um escritor já amadurecido na sua arte, não é me-

---

* Publicado originalmente no *Jornal do Commercio*, de Recife, e republicado no *Caderno de Leitura Edusp* n. 6, 1993.

nos possível mostrar a sua fidelidade para com o mundo corajosamente inseguro que construiu.

Daí uma espécie de eterno retorno, constante em sua obra: cada novo livro oferece a possibilidade para melhor compreensão de uma anterior. Mas quando esperamos o fechamento do círculo, eis que as cordas se desatam e novamente começa o jogo difícil da procura. Por isso, Jean Starobinski pôde escrever: "Camus appartenait moins à ses livres qu'à l'épreuve qui leur faisait suivre, et qui posait de nouvelles questions" [Camus pertencia menos a seus livros do que à tentativa que lhes sucedia, e que colocava novas questões].

E essas "novas questões" desdobram-se desde O Avesso e o Direito até aquelas propostas nos discursos da Suécia. Na sua essência, as questões são as mesmas: a sua pesquisa seguia o método da intensidade.

A distância que separa os heróis de A Peste ou A Queda é dada pela perspectiva de interesse que modifica, em graus, o ângulo de suas preocupações. Porque – como quase todas as grandes obras – a sua é repetitiva. Cada uma narra a história dramática de sua própria origem. E, sob cada uma, palpita a existência do artista, do escritor, do indivíduo que, para atingir toda a sua dimensão, "escolhe partilhar a sorte de todos".

Não há nada que confirme melhor isso do que o prefácio que escreveu para O Avesso e o Direito.

Diante da obra de juventude, do primeiro ensaio de literatura aparecido numa pequena edição em Argel, Camus procurava apanhar as linhas dominantes de sua origem. E, se no ensaio da juventude ele podia encontrar-se diante de um escritor ainda inseguro e falho, não é, entretanto, o que mais importa. O principal era poder anotar a linha de fidelidade para consigo mesmo. Daí a afirmação decisiva:

> Cada artista mantém, assim, no fundo de si mesmo uma fonte única que alimenta durante sua vida o que ele é e o que diz. Quando a fonte secou, vê-se pouco a pouco a obra endurecer, fender-se. São as terras ingratas da arte que a corrente invisível já não irriga. Com o cabelo já raro e seco, o artista, protegido com a palha, está maduro para o silêncio, ou para os salões, que vem a dar no mesmo. Por mim, sei que a minha fonte está em O Avesso e o Direito, nesse mundo de pobreza e de luz em que vivi por muito tempo e cuja recordação me preserva ainda dos dois perigos contrários que ameaçam os artistas: o ressentimento e a satisfação.

Era uma definição de escritor que ele, mais tarde, esclareceria melhor na conferência de Upsala. Mas a essência continuaria sendo a mesma, embora falasse de um tema tão controverso como O *Artista e o seu Tempo*.

É que o lirismo de que estava impregnado não era apenas de consumo interno: a sua maior grandeza é que ele se fazia solidário com todos os homens. Não com aqueles que fazem a história – como ele mesmo declarou na Suécia – mas com os que a sofrem. E esses possuem a fonte do verdadeiro lirismo e, por isso, podia com eles identificar-se.

Quando mais tarde defendia o direito à solidão do artista, o fazia no mesmo sentido em que – em *Núpcias* – explorava os mistérios da luz mediterrânea. O ataque sereno, mas firme, que dirigiu ao radicalismo realista na arte não parece ter uma outra fonte:

> [...] a realidade de uma vida de homem não se encontra somente onde ele está. Encontra-se em outras vidas que dão uma forma à sua, vidas de seres amados, em primeiro lugar, [...] mas também vidas de homens desconhecidos, poderosos e miseráveis, concidadãos, polícias, professores, companheiros invisíveis das minas e dos estaleiros, diplomatas e ditadores, reformadores religiosos, artistas que criam mitos decisivos para a nossa conduta, humildes representantes, enfim, do acaso soberano que reina sobre as existências, mesmo as mais ordenadas.

Estaríamos diante de uma nova forma de irracionalismo? Diante de mais uma expressão desse culto louco dos instintos que tanto mal tem feito ao homem?

Não, não é uma defesa do irracionalismo, mas uma difícil tentativa de manter acesa a chama de vida que brilha também por entre o controle da razão e de que a arte é uma das mais altas manifestações.

"A Arte não é nem a recusa total nem o consentimento total do que é. É, ao mesmo tempo, recusa e consentimento e é por isso que não pode ser senão um dilaceramento perpetuamente renovado."

Essa era a sua fé difícil, contra a qual agia a tentação do pensamento concluído. Em O *Homem Revoltado* ele tentou esquematizar a sua concepção de absurdo e da revolta. No final, entretanto, a obra é um prolongamento apenas daquilo que ele anotara nos ensaios de O *Mito de Sísifo*.

A conclusão é muito clara: o pensador da primeira obra intensificara as dúvidas da segunda. Por isso, uma não dispensa a outra. E, se já se pôde verificar a virada que existe entre o Camus romântico de *Núpcias* e o cartesiano de *O Estrangeiro*, o que não se pode é negar a corrente subterrânea de perseguição à verdade que liga ambas as obras.

Daí ser melhor compreendida a adaptação que fez de *Os Demônios*, de Dostoiévski. Entre Stépham Trophimovitch e Kirilov, isto é, a "boa consciência" e a lucidez que conduz ao que ele mesmo chamou de "suicídio pedagógico", eis a sua presença marcada pela procura, pela pesquisa pessoal e coletiva. Porque, em Camus, o ato gratuito gideano faria também parte da parcela negativa de absurdo que domina o homem. Ter o destino pessoal ligado ao sentimento de comunidade à força de pressão que o homem desconhecido pode exercer, isso seria aceitar o absurdo da existência, dirigindo a vontade contra a morte, a escravidão e a mentira.

Há ainda um outro aspecto na obra de Camus que quero salientar como fonte de ensinamento quer de sua própria obra, quer de certos aspectos bem locais nas discussões entre as relações do artista com o seu trabalho. Estou me referindo à fidelidade do artista para com a sua obra.

Em geral, por motivos que agora me dispenso de discutir, a fé do artista em sua obra é apelidada de sobrestimação individualista, marfinismo pequeno-burguês e outros chavões ridículos. Contra isso, Camus traz uma excelente amostra de sua lucidez, quando afirmava de modo bem claro ser essa fidelidade o único princípio válido para a obra verdadeira e legítima. "A fé do criador em si mesmo" aparecia-lhe como princípio essencial da criação. Princípio sempre assediado de dúvidas da parte do próprio artista, que tem de lutar contra a vergalha dos privilégios numa sociedade em que a maior característica é a irrupção das massas e da sua condição miserável frente à sensibilidade contemporânea.

Por isso, a fidelidade do artista para com a sua própria obra implica também uma fidelidade para com o seu tempo: para com aqueles que sofrem a história. Eis um trecho essencial retirado de sua conferência de Upsala:

Nós outros, escritores do século XX, nunca estaremos sós. Devemos saber, pelo contrário, que não podemos evadir-nos da miséria comum e que a nossa única justificação, se alguma há, está em falar, na medida dos nossos meios, por aqueles que não podem fazê-lo. Mas devemos fazê-lo, de fato, por todos os que sofrem neste momento, quaisquer que sejam as grandezas, passadas ou futuras, dos Estados e dos partidos que os oprimem: não há para os artistas carrascos privilegiados. É por isso que a beleza, mesmo hoje, sobretudo hoje, não pode servir nenhum partido; não serve, a longo ou a curto prazo, senão à dor ou à liberdade dos homens.

Transcrevi todo o longo trecho por me parecer não somente decisivo para uma justa compreensão das posições de Camus, como muito importante que ele seja realmente lido numa terra onde são raros os que não têm vergonha de se declararem apenas artistas. Quando já seria tanto.

CRÍTICA HOJE

Título	*Leituras Desarquivadas*
Autor	João Alexandre Barbosa
Produção editorial	Aline Sato
Capa	Tomás Martins (projeto gráfico)
	Ana Amália Barbosa (ilustração)
Editoração eletrônica	Amanda E. de Almeida
Revisão	Geraldo Gerson de Souza
Formato	16 x 23 cm
Tipologia	Sabon
Papel	Cartão Supremo 250 g/m² (capa)
	Pólen Soft 80 g/m² (miolo)
Número de páginas	243
Impressão e acabamento	Gráfica Vida e Consciência